MATTHES & SEITZ BERLIN PAPERBACK

AF546328

Bertrand Russell

Warum ich kein Christ bin

Aus dem Englischen von Grete Osterwald

Mit einem Vorwort von Martin Walser
und einem Nachwort von Sebastian Kleinschmidt

Matthes & Seitz Berlin

Inhalt

Martin Walser

Vorwort: Die Theologie des Mangels
Ein Versuch, Bertrand Russell zu ergänzen

Weil Bertrand Russell seine Unchristlichkeit so fein, so klug, so kenntnisgesättigt, so humorvoll, so stimmungsreich, so argumentierfreudig, so geschichtsmächtig darstellt, ist es unmöglich, ihm in der von ihm gewählten und in so hinreißend beherrschter Sprache zu widersprechen. Es ist die hellste Version der Sprache des Rationalismus. Und damit fängt mein Eigenleben an. So viel Vergnügen es macht, so geistreich unterhalten zu werden, mit der Zeit merkt man, merke ich, dass diesem so gelassen geistreichen Mann etwas fehlen könnte. Ich will eine der heftigen Stellen zitieren, die ihn kurzatmiger erscheinen lassen, als er ist: »Das Wissen, das uns erlauben könnte, einen Zustand allgemeiner Zufriedenheit zu schaffen, ist vorhanden; das Haupthindernis, es für diesen Zweck einzusetzen, besteht in der Religionslehre. Die Religion hindert unsere Kinder, eine vernünftige Erziehung zu bekommen; die Religion hindert uns daran, die grundlegenden Ursachen des Krieges zu beseitigen; die Religion hindert uns daran, statt der grimmigen alten Lehren von Sünde und Strafe eine Ethik wissenschaftlicher Zusammenarbeit zu lehren. Es kann sein, dass die Menschheit an der Schwelle eines goldenen Zeitalters steht; aber wenn dem so ist, muss zuerst der Drache getötet werden, der das Tor bewacht, und dieser Drache ist die Religion.«

Diese Sätze enthalten alles, was den Philosophen dazu bewog, kein Christ sein zu können.

In seiner Sprache kann man Russell nicht widersprechen. Mir käme es lächerlich vor, seinen Argumenten andere Argumente entgegenzusetzen. Aber mir wurde, je länger ich las, umso deutlicher, warum ich ihn bewundern, aber ihm nicht zustimmen konnte. Der erste und einfachste Grund dafür: Er spricht häufiger von und über Religion als von und über Gott. Das weckt die Vermutung, er reagiere so intensiv auf das, was er gesellschaftlich per Tradition und Milieu als Religion erlebte. Und es erinnerte mich an einen Satz aus Nietzsches Nachlass: »Der gläubige Mensch ist der Gegensatz des religiösen Menschen.« Nietzsche war ein Pfarrerssohn und wurde dann berüchtigt durch seinen Satz, dass Gott tot sei. Dass er damit den Gott meinte, den die damalige, die sogenannte liberale Theologie verkündete, wurde vergessen.

Russell ist trotz seines auftrumpfenden Temperaments immer auch der, der mehr, der weiter denken kann als alle vergleichbaren »Freidenker«. Zum Beispiel: »Ich behaupte nicht, beweisen zu können, dass es keinen Gott gibt.« Aber gleich der nächste Satz hebt diesen vernünftig daherkommenden Satz fast auf: »Ich kann auch nicht beweisen, dass der Teufel eine Fiktion ist.« Womit doch gemeint ist: Der Teufel und Gott, beide sind eine Fiktion.

Die Epochen, in denen es noch sinnvoll zu sein schien, Gottesbeweise zu führen, sind längst vorbei. Aber für Russell war es fast lebenslänglich notwendig, immer wieder vorzutragen, warum er kein Christ sei. Das stellt er in immer neuen Versionen vor. Zusammenfassend darf man sagen, dass es für ihn nicht weniger als eine Zumutung gewesen wäre, Christ zu sein. Es vertrüge sich nicht mit dem Rang eines Denkers, der die *Principia Mathematica* geschrieben hatte, die Schrift *On Denoting* und so vieles mehr.

Das glaube ich zu verstehen, aber eines verstehe ich nicht, und das muss ich gleich auf mich lenken, auf mich reduzieren: Ich verstehe nicht, warum jemand, der so deutlich die Abwesenheit Gottes erlebt, warum dem dann Gott nicht fehlt. Ich konnte verstehen, dass er sich zwar in die obsolete Debatte, ob es Gott gebe oder nicht gebe, nicht verstricken lassen wollte, aber ich musste auch erleben, dass ihm nichts fehlte, wenn es Gott nicht gäbe.

Von da an wuchs in mir das Bedürfnis, dem wahrlich übergroßen Philosophen eine Ergänzungsbedürftigkeit nachzusagen. Das will ich tun. Und ich behaupte einmal leichtfertig: Ob ich das darf, entscheidet nicht die Zuständigkeit, sondern das Bedürfnis, das ich auch die persönliche Notwendigkeit nennen könnte. Ich kann auch einen Satz von ihm selber herrufen: »Unserer Erkenntnis von Wahrheit ist immer ein Schuss Zweifel beigemischt, und eine Theorie, die diesen Umstand vernachlässigt, wäre schlicht falsch.« Das hat er 1912 gesagt. Und 1951 veröffentlichte er im *New York Times Magazine* einen Dekalog unter dem Titel »Die beste Antwort auf Fanatiker: Liberalismus«. Das erste Gebot hieß: »Fühle dich keiner Sache völlig gewiss.«

Dass Gott, wenn es ihn nicht gibt, fehlt, das ist meine Erfahrung. Und gleichzeitig wäre alles anders, als es ist, wenn es ihn gäbe; mir waren immer zwei Aussagen gleich weit weg: Den Satz, es gebe Gott, kann ich so wenig nachsagen wie den Satz, dass es ihn nicht gebe. Ich habe in dieser Unentscheidbarkeit gelebt und erfahren, dass es nicht nur mir so geht. Ich habe gelesen, von Augustinus bis Karl Barth. Aber ich habe auch erlebt, wie in den Künsten vorkommt, was wir Religion nennen. In der Literatur, in der Malerei, in der Musik. Von Dante bis Dostojewski. Von Michelangelo bis Tübke. Von Bach bis Bruckner.

Ich muss die, die mir geholfen haben, mit der Uneindeutigkeit umzugehen, beim Namen nennen. Es sind Namen, die bei Russell nicht oder kaum vorkommen. Zuerst Hegel. Er hat den damals von der evangelischen Theologie verkündeten Gott einen »sinnlosen Laut« genannt. Es verrät ein empfindliches Denken, dieses so tradierte und so verkündete Hauptwort der Religion einen sinnlosen Laut zu nennen. Nicht Begriff, nicht Ausdruck, sondern Laut! Und im 20. Jahrhundert hat Karl Barth in dem Buch *Der Römerbrief* alles gesagt, was dadurch, dass Gott fehlt, gesagt werden kann, gesagt werden muss. Und so sagt er es: »… unsere Religion besteht in der Aufhebung unserer Religion, unser Gesetz ist die grundsätzliche Außerkraftsetzung alles menschlichen Erfahrens, Wissens, Habens und Tuns.« Und: »Es ist sentimentale … Selbsttäuschung zu meinen, dass etwa von Natur und Geschichte, von Kunst, Moral, Wissenschaft oder sogar Religion aus direkte Wege zu der unmöglichen Möglichkeit Gottes führen.« Und das ist sein Credo: »Als der unbekannte Gott wird Gott erkannt: … als der, an den man nur ohne Hoffnung auf Hoffnung hin *glauben* kann.« Und was ist dann glauben? »Glauben ist für alle der gleiche Sprung ins Leere.«

Es kann kaum vorwerfbar sein, dass man lesend etwas erlebt, was einem hilft, mit einem Mangel umzugehen, den man bis dahin eher verkommen ließ, als dass man sich um ihn kümmerte.

Bis ich Karl Barth las, war Kierkegaard der Schriftsteller gewesen, in dessen Sprache ich meinen Bedürfnissen wieder begegnete: »... das religiöse Handeln ist am Leiden kenntlich.« Oder: »... die Offenbarung ist am Geheimnis kenntlich.« Und jetzt Bertrand Russell, der vernünftig und kenntnisreich nachweist, was alles die Religion nicht vermag; egal ob es sich um Gerechtigkeit, um Wissen, um Wissenschaft, um Tod, um Unsterblichkeit, um Moral handelt. Meistens wirkt seine Kritik vernünftig, weil sie sich gegen zu voluminöse bzw. anmaßende Behauptungen der Religion richtet. Unsterblichkeit, nein; aber ein bisschen weniger Angst vor dem Tod, ja!

Wenn wir noch in einem Zeitalter religionsgestützter Herrschaft lebten, könnten seine angenehm geführten Beweise durchaus hilfreich sein. Was er gegen den Glauben, gegen das Glaubenkönnen formuliert, das bezieht sich letzten Endes auf das, was er als Glauben in seiner Zeit und Gesellschaft erlebte.

Karl Barths Buch erschien zuerst im Jahre 1919. Es war eine Kampfansage gegen die liberale Theologie, repräsentiert von dem epochal führenden Adolf von Harnack. Barth war ein Pfarrer im Aargau. Aber dass sein Buch eine Denkrevolution war und auch noch eine Glaubensrevolution, das spielte sich mehr in den theologischen Fakultäten ab als in der Wirklichkeit. Russell, der in zahlreichen aktuellen Fragen und Situationen keine der Aufklärung dienende Aktivität scheute, Gefängnisstrafe inklusive – von dem Pfarrer im Aargau hat er, dem die deutsche Sprache geläufig war, nichts gewusst.

Was Karl Barth entwickelt hatte, hieß Dialektische Theologie. Der Glaube ist das Gegenteil eines Zustands, er ist eine Bewegung, in der kein Ja ohne ein Nein bleibt. Und eben ein »Sprung ins Leere«. Das hätte Russell gefallen können. Hieß es doch bei Barth:

> »Der Glaube bleibt nur als Glaube übrig, ohne Selbstwert (auch ohne den Selbstwert der Selbstverleugnung), ohne Eigenkraft (auch ohne die Eigenkraft der Demut!), ohne eine Größe sein zu wollen vor Gott noch vor den Menschen. Das ist der Boden, die Ordnung, das Licht, wo der ›Ruhm‹ aufhört und die reale Gerechtigkeit Gottes anfängt. Also kein Boden, auf den man sich stellen, keine Ordnung, die man befolgen, keine Luft, in der man atmen kann.«

Der Pfarrer Barth wurde sofort Honorarprofessor in Göttingen.

In seinem Römerbrief-Buch hat er die Religion als Kirche in zwei Namen dargestellt: die Kirche Esaus und die Kirche Jacobs. Von den zwei Söhnen Rebekkas heißt es in der Genesis, dass Gott den Esau vorgeburtlich gehasst, den Jakob aber ebenso vorgeburtlich geliebt habe. Karl Barth schreibt: »Es ist die Kirche Esaus grundsätzlich die allein mögliche, anschauliche und bekannte Kirche, Jerusalem, Rom, Wittenberg, Genf … Und es ist die Kirche Jacobs ebenso grundsätzlich die unmögliche, unanschauliche, unbekannte Kirche, die Kirche ohne Ausdehnung noch Beschränkung, ohne Ort noch Namen, ohne Geschichte, ohne mögliche Mitgliedschaft noch Ausschluss dieser oder jener, und in ihr ist Gottes freie Gnade, Berufung und Wahl.«

Davon kann man sich nicht distanzieren. Wohl aber von dem, was hier wie dort als Kirche herrschte. Hier Adolf von Harnack, 1900, *Das Wesen des Christentums*. Zu den englischen Entsprechungen dieses Christentums hat sich Bertrand Russell verhalten mit seinem Satz: »Warum ich kein Christ bin«. Und wenn Russell diesen Barth hätte lesen können:

> »Denn keine menschliche Gebärde ist an sich fragwürdiger, bedenklicher, gefährlicher als eben die religiöse Gebärde ... Und man täusche sich nur nicht: Von demselben Verdacht und Duft umgeben ist auch alles, was sich am Gegensatz zu der religiösen Erscheinungswelt orientiert: also das religiöse Jasagen sowohl wie das antireligiöse Neinsagen ... Also auch der Protest gegen die religiöse Gebärde überhaupt, von Nietzsche bis hinab in die Niederungen der gewöhnlichen Pfaffenfresser ...«

Und dann der radikale Höhepunkt: »Was sich nicht aufheben lassen sondern sich (als Ja oder Nein!) selbst rechtfertigen will, das ist eben um deswillen gerichtet.« Russell hätte sich doch mit seinem Nein gerichtet sehen müssen.

Und um nicht terminlich belangbar zu erscheinen, schreibt Karl Barth noch: »Wir wissen, dass wir, wenn wir von der Herrlichkeit Gottes reden, eine Zukunft meinen, die nie und nimmer Zeit sein wird.« Also absolute

Utopie. Einen Parallelvorgang kann man in Nietzsches *Zarathustra* erleben. Auch bei ihm kein bisschen hiesige Erreichbarkeit. Der Übermensch bleibt reine Utopie!

Noch ein dritter Zeuge bzw. Helfer: Hölderlin.

> »Was ist Gott? unbekannt, dennoch
> Voll Eigenschaft ist das Angesicht
> Des Himmels von ihm.«

Und:

> »Je mehr ist eins
> Unsichtbar, schicket es sich in Fremdes.«

Und Nietzsche am Schluss in den »Dionysos-Dithyramben«:

> »Da floh er selber,
> mein letzter einziger Genoss,
> mein grosser Feind,
> mein Unbekannter,
> mein Henker-Gott! ...«

Und dann:

> »Oh komm zurück,
> mein Unbekannter Gott! mein Schmerz!
> Mein letztes Glück! ...«

Ich habe den bekennenden Atheisten Nietzsche in seiner Schlusslage gezeigt, in der er sich nicht mehr von Karl

Barth unterscheidet. Dass er Briefe mit »Der Gekreuzigte!« unterschreibt, kann nur von Gelehrten als Geisteskrankheit bezeichnet werden. Allerdings bleibt ein Unterschied: Bei Karl Barth ist die Theologie des Mangels abhängig allein von Gnade. Bei Nietzsche ist das am Ende Ausschlaggebende die Schönheit.

Jetzt zurück zu Bertrand Russell, zurück zu seinem Satz: »Religion gründet sich vor allem und hauptsächlich auf Angst. Zum Teil ist es der Schrecken vor dem Unbekannten ...«

Also Angst und Schrecken machen uns religiös!? Jeder hat Erfahrungen, die das bestätigen. Mir kommt es vor, als wäre da etwas übersehen oder unterschlagen oder verschwiegen oder einfach nicht wahrgenommen. Das ist, glaube ich, unser Bedürfnis, zu verehren. Das entsteht durch unsere Fähigkeit, etwas schön zu finden. Diese Fähigkeit ist oft genug beschrieben und auch gefeiert worden. Nietzsche sagt in seinem grandiosen Erstlingswerk *Die Geburt der Tragödie aus dem Geiste der Musik*: »... denn nur als ästhetisches Phänomen ist das Dasein und die Welt ewig gerechtfertigt«. Und er lehrt uns, die Dissonanz in der Musik »lustvoll« zu empfinden. Und so fasst er alles zusammen: »Das Dionysische, mit seiner selbst am Schmerz perzipierten Urlust, ist der gemeinsame Geburtsschoß der Musik und des tragischen Mythos.« Dass wir die Dissonanz genießen können, das drücke unsere Fähigkeit aus, in der Tragödie mehr zu sehen, als uns gezeigt wird. Und dieses Buch hat er abgeschlossen mit dem Satz, mit dem Aischylos seine Prometheus-Tragödie schließt: »Wie viel musste dieses Volk leiden, um so schön werden zu können!«

Was musste Dante leiden, um die *Göttliche Komödie* schreiben zu können? Was müssen wir überhaupt erörtern, wenn wir doch Religionsdenkmale haben wie die Sixtinischen Kapelle, das *Weihnachtsoratorium*, die *Matthäus-Passion*, das *Mozart-Requiem* und das Bruckner'sche *Te Deum*! Das sind, sage ich anmaßend, auch Argumente. Etwas muss schön sein, und schön wird es durch Schmerz, durch erlittenen Schmerz. Gnade ist das Bewegende in der Theologie des Mangels bei Karl Barth. Schönheit ist das Bewegende bei Dante, Michelangelo, Bach, Mozart, Bruckner oder Nietzsche. Beides, Gnade und Schönheit, kommt in dem Bekenntnis *Warum ich kein Christ bin* nicht vor.

Zweifellos ist in diesem Bekenntnis viel mehr praktizierbare Vernunft enthalten als in den Werken, in denen Gnade und Schönheit gefeiert werden. Wenn die tägliche Wirklichkeit einer Gesellschaft zu organisieren ist, dann wäre man mit allem, was Russell schreibt und beschreibt und vorschreibt, besser beraten als wenn man Karl Barth und Nietzsche zurate zöge. Trotzdem kann ich dieses Ergebnis nur halbherzig hinschreiben. Ziel der Russell'schen Schrift ist Schmerz-Vermeidung. Das ist als Ziel und Sinn menschlichen Handelns unbestreitbar vernünftig. Das menschliche Leben mit jeder Sorte Wissen erträglicher zu machen, ist nichts als wünschenswert. Anzunehmen, dass das erträglicher gemachte Leben dann befreit sei von Leiden, also von Religion, das kommt mir jedoch verwegen vor.

Unsere Fähigkeit zu verehren, etwas schön zu finden, die Dissonanz lustvoll zu genießen, ist unmittelbar und unwillkürlich eine Steigerung des Daseinsgefühls. Durch

Wissenschaft leidfrei: Das ist eine rationale Utopie, die nur so lange vernünftig ist, als sie die Grenze ihrer Zuständigkeit kennt und respektiert. Von dieser prinzipiellen Vorsicht ist bei Bertrand Russell wenig zu sehen. Allein deshalb ist hier ein kurzer Ausflug in eine Spracherfahrung nötig, die dem Rationalismus – und sei er noch so brillant vorgetragen – offenbar fehlt. Ich lasse in diesem fiktiven Gerichtssaal Zeugen auftreten, mit deren, von deren Aussagen ich selber lebe.

Zuerst Kleist: »Man könnte die Menschen in zwei Klassen abteilen, in solche, die sich auf eine Metapher und 2) in solche, die sich auf eine Formel verstehen. Deren, die sich auf beides verstehen, sind zu wenige, sie machen keine Klasse aus.«

Dann hat Kant für unsere Vernunft formuliert, »daß die Vernunft nur das einsieht, was sie selbst nach ihrem Entwurfe hervorbringt«. Und dazu gehört Religion nicht!

Dann der junge Nietzsche: »Eine Religion, die durch und durch wissenschaftlich erkannt werden soll, ist am Ende dieses Weges zugleich vernichtet.«

Und Kierkegaard: »Mein eigentümliches Verfahren liegt in der Gegensätzlichkeitsform der Mitteilung.« Und: »Durch direkte Mitteilung ließ es sich nicht machen, da sich diese immer nur zu einem Empfänger in Richtung auf sein Wissen, nicht wesentlich zu einem Existierenden verhält.« Und warum ist die direkte Mitteilung im Religiösen nicht möglich? Wegen der Inkommensurabilität von innen und außen, Endlichkeit, Unendlichkeit usw. Aber auch die indirekte Mitteilung, sagt der Meister des religiösen Sagens, erlaube kein direktes Verständnis. Da sind wir der Musik nahe.

Karl Barth, der sich, was die Mitteilung des Religiösen angeht, am »leeren Offenbarungskanal« sah, verlangt, Theologie müsse unter allen Umständen erzählerisch sein; und Kierkegaard: die indirekte Mitteilung und Gegensätzlichkeitsform; und Hölderlin: Was ist Gott? Unbekannt ...; und Nietzsche: Mein unbekannter Gott! Mein Schmerz! Und Karl Barth: Als der unbekannte Gott wird Gott erkannt ... Ja, was denn noch, möchte man da sagen.

Die Erfahrungen dieser Autoren – Gottesmänner möchte ich sie nennen – lassen vermuten, dass dem Rationalisten – und sei er noch so brillant – etwas fehlt. Kierkegaard hat Schriftsteller, die die Welt direkt verbessern wollen, Prämissenschriftsteller genannt. Und das Risiko der nicht auf Wissensvermittlung zielenden Mitteilung hat er in einem seiner Pseudonymen-Bücher als Johannes Climacus so formuliert: »Selbst wenn er mit der indirekten Mitteilung keinen erreiche, so dürfe er doch sagen, sich nicht der geringsten Anpassung schuldig zu machen, um einen zu bekommen, der ihn versteht.«

So viel kann klar geworden sein: Über Religion darf auch noch in einer anderen Sprache als der des Rationalismus gesprochen und geschrieben werden. Eine zumindest ergänzungsbedürftige Kompetenz darf dem Rationalismus also doch bescheinigt werden. Aber bei Kierkegaard, dem schärfsten Denker des Religiösen überhaupt, gibt es auch noch einen Satz, mit dem Bertrand Russell ein Trost gespendet werden kann, dessen er natürlich nicht bedarf: Die Größe des Glaubens, sagt Kierkegaard, sei kenntlich an der Größe des Unglaubens.

Was hätte denn Russell wohl zu dem Satz von Kant gesagt, »daß die Vernunft nur das einsieht, was sie selbst nach ihrem Entwurfe hervorbringt«? Und dabei kann man Kant nicht zu den Gottesmännern zählen, die von einer Seelenfrequenz leben und zeugen, die dem Rationalismus fremd ist. Deshalb wagt man, dem Rationalisten, dem man nicht widersprechen kann, vorzuhalten, ob grundsätzlich eine andere Sprache als die des Rationalismus infrage kommen könnte; also ernst zu nehmen sei. Was die Meister des religiösen Sagens anbieten, sind keine Beweise. Was Russell schreibt, ist immer Beweis. Die Sprache der Religiösen ist Zeugnis. Beweise überzeugen. Zeugnisse helfen.

So wenigstens habe ich es erlebt. Russell überzeugt mich. Aber eben nur von dem, was er als Religion kritisiert, das Christentum englischer Prägung. Die Meister des religiösen Sagens nehmen mich ein. Sie machen aus dem Gottesmangel keine Tugend, aber auch kein kluges Achselzucken. Dass Nietzsche die Dissonanz lustvoll erlebt hat, das ist zwar nur eine ästhetische Spezialität, aber es ist doch auch eine Augen und Ohren öffnende Mitteilung über eine menschliche Fähigkeit, die keiner rationalen Beweisführung bedarf. Es ist die Fähigkeit, aus Daseinsnot und erlittenem Schmerz etwas zu schaffen, was schön ist und was dann als Schönes eine Wirkung hat, die zur Hilfe wird für alle, die ihrer bedürfen. Die Folgen dieser menschlichen Fähigkeit kann man erleben in der doch unbestreitbar reichen Ausdruckswelt des christlichen, zumindest christlich gewesenen Europa. Da gibt es Zeugnisse jeder Art. Die Wirkung dieser Zeugnisse ist erlebbar als europäische Kulturgeschichte. Sie ist aber auch – und das ist wichtiger – erlebbar als Hilfe in der Not jeder menschlichen Existenz. Und da kann ich sagen: usw.

Zum Glück darf ich mich jetzt noch von einer Nachricht begleiten lassen, die nicht schöner sein könnte. Der achtzigjährige alte Bertrand Russell war in Griechenland in einer christlichen Kirche und teilt im dritten Band seiner Autobiografie mit: »Nachdem ich von all den gediegenen großen Leistungen, welche ein jeder bewundert, tief beeindruckt war, geriet ich in eine kleine Kirche, die entstanden war, als Griechenland zum byzantinischen Reich gehörte hatte. Hier fühlte ich mich zu meinem Erstaunen weit mehr zuhause als etwa im Parthenon oder in irgendeinem anderen Gebäude aus heidnischen Tagen. Dabei wurde mir klar, dass christliches Lebensgefühl weit mehr Einfluss auf mich besaß, als ich geglaubt hatte. Es war dies eine Macht über meine Gefühle, nicht jedoch über meine Anschauungen. Den Unterschied zur Neuzeit sah ich vor allem im Fehlen jeglichen Sündenbegriffs in der griechischen Welt …«

Mir ist, wenn ich mich mit den Sprachen für Religion beschäftigte, schon der Gedanke gekommen, dass man in tausend Jahren Nietzsche von Thomas von Aquin kaum noch unterscheiden wird. Man wird uns alle, was auch immer wir gesagt haben werden, für durch und durch religiös halten. Bertrand Russell inklusive.

I
Warum ich kein Christ bin

Dieser Vortrag wurde am 6. März 1927 unter der Schirmherrschaft der Südlondoner Niederlassung der National Secular Society[1] im Rathaus von Battersea gehalten.

Wie Ihr Vorsitzender Ihnen bereits angekündigt hat, möchte ich heute Abend über das Thema »Warum ich kein Christ bin« sprechen. Vielleicht sollten wir vorab zu klären versuchen, was mit dem Wort »Christ« überhaupt gemeint ist. Heutzutage wird es meistens in einem sehr weiten Sinne gebraucht. Manche meinen damit nicht mehr als jemanden, der bestrebt ist, ein gutes Leben zu führen. In diesem Sinne gäbe es wohl Christen aller Sekten und Überzeugungen; aber ich glaube nicht, dass dies der eigentliche Sinn des Wortes ist, schon deshalb, weil es bedeuten würde, dass alle Menschen, die keine Christen sind – alle Buddhisten, Konfuzianer, Muslime und so weiter –, nicht bestrebt wären, ein gutes Leben zu führen. Ich meine mit Christ nicht jeden, der versucht, seinen

1 Britische Gesellschaft zur Förderung der Säkularisierung, die sich für Religionsfreiheit, Gleichberechtigung und die Abschaffung der Staatsreligion einsetzt. (A. d. Ü.)

Vorstellungen gemäß anständig zu leben. Ein gewisses Maß an entschiedenem Glauben ist meiner Ansicht nach Voraussetzung für das Recht, sich als Christ zu bezeichnen. Das Wort hat heute keine so kraftvolle Bedeutung mehr wie zu den Zeiten Augustinus' oder von Thomas von Aquin. Wenn damals ein Mensch sagte, er sei Christ, wusste jeder, was gemeint war. Man bekannte sich zu einer ganzen Reihe von Glaubenssätzen, die äußerst präzise gefasst waren, und man glaubte mit der vollen Kraft seiner Überzeugungen an jede einzelne Silbe davon.

Was ist ein Christ?

Heute ist das nicht mehr ganz das Gleiche. Unsere Definition von Christentum ist etwas verschwommener. Ich bin allerdings der Meinung, dass es zwei Punkte gibt, die für jeden, der sich Christ nennt, ziemlich wesentlich sind. Der erste ist dogmatischer Natur – dass man nämlich an Gott und die Unsterblichkeit glauben muss. Wer nicht an diese beiden Dinge glaubt, wird sich kaum als richtiger Christ bezeichnen können. Ferner, und darüber hinaus, muss man, wie schon der Name sagt, irgendeine Art von Christusglauben haben. Die Muslime beispielsweise glauben ebenfalls an Gott und an die Unsterblichkeit, trotzdem würden sie sich niemals Christen nennen. Die Mindestvoraussetzung scheint mir der Glaube zu sein, dass Christus, wenn nicht göttlich, so doch wenigstens der beste und weiseste aller Menschen war. Wer nicht einmal dies von Christus glaubt, hat meiner Ansicht nach kein Recht, sich Christ zu nennen. Natürlich gibt es noch einen anderen Sinn, den Sie in *Whitaker's Almanack* oder in Geografiebüchern finden, wo es heißt, die Bevölkerung der Erde sei eingeteilt in Christen, Muslime, Buddhisten, Fetischverehrer und so weiter; und in diesem Sinne seien wir alle Christen. Die Geografiebücher zählen uns alle miteinander dazu, jedoch in einem rein geografischen Sinne, den wir hier, meine ich, außer Acht lassen können. Wenn ich Ihnen also sagen will, warum ich kein Christ bin, gehe ich davon aus, dass ich Ihnen zwei Dinge erklären muss: Erstens, warum ich nicht an Gott und an die Unsterblichkeit glaube; und zweitens, warum ich Christus nicht für den besten und weisesten aller Menschen halte, auch wenn ich ihm ein sehr hohes Maß an moralischer Güte zugestehe.

Ohne die erfolgreichen Anstrengungen Ungläubiger in der Vergangenheit könnte ich mich nicht mit einer so dehnbaren Definition des Christentums begnügen. Wie gesagt, in früheren Zeiten war seine Bedeutung viel kraftvoller. So schloss sie zum Beispiel den Glauben an die Hölle ein. Es ist nicht lange her, dass der Glaube an die ewige Hölle ein wesentliches Element des christlichen Glaubens war. In unserem Land hat er, wie Sie wissen, dank einer Entscheidung des Geheimen Kronrats aufgehört, ein solches zu sein, obwohl der Erzbischof von Canterbury und der Erzbischof von York die Entscheidung missbilligten; aber da die Religion hierzulande per Parlamentsbeschluss geregelt wird, konnte sich der Kronrat über Ihro Gnaden hinwegsetzen, sodass die Hölle für einen Christen nicht mehr nötig ist. Infolgedessen will ich nicht darauf beharren, dass ein Christ an die Hölle glauben muss.

Die Existenz Gottes

Um zur Frage der Existenz Gottes zu kommen, so handelt es sich um ein weitreichendes und ernstes Problem, und wenn ich versuchen wollte, dem auch nur einigermaßen gerecht zu werden, müsste ich Sie hierbehalten bis in alle Ewigkeit; daher mögen Sie mir nachsehen, wenn ich sozusagen in Kurzfassung darauf eingehe. Wie Sie wissen, hat die katholische Kirche es zum Dogma erhoben, dass die Existenz Gottes durch bloße Vernunft bewiesen werden könne. Das ist ein recht merkwürdiges Dogma, aber es ist eines. Es musste eingeführt werden, weil die Freidenker zu einer bestimmten Zeit die Gewohnheit angenommen hatten, zu sagen, es gebe diese oder jene Argumente, welche die schiere Vernunft gegen die Existenz Gottes anführen könne, aber als Sache des Glaubens wüssten sie natürlich, dass Gott existiere. Die Argumente und Begründungen wurden sehr ausführlich dargelegt, bis die katholische Kirche meinte, dem ein Ende setzen zu müssen. Also schrieb sie fest, die Existenz Gottes könne durch bloße Vernunft bewiesen werden und musste sich dementsprechend mit Argumenten rüsten, die ihr beweiskräftig erschienen. Nun gibt es derer natürlich viele, aber ich werde mich nur mit einigen beschäftigen.

Das Argument der Ersten Ursache

Das einfachste und verständlichste Argument ist vielleicht das der Ersten Ursache. Es behauptet, alles, was wir auf dieser Welt sehen, habe eine Ursache, und wenn man die Kausalkette immer weiter zurückverfolge, gelange man an eine erste Ursache, und diese Erste Ursache wird Gott genannt. Dieses Argument hat heute sicher nicht mehr viel Gewicht, vor allem weil der Begriff der Ursache nicht mehr das meint, was er einmal bedeutete. Philosophen und Gelehrte haben den Begriff auseinandergenommen, und nichts reicht mehr an dessen frühere Vitalität heran; doch abgesehen davon ist leicht zu erkennen, dass das Argument, es müsse eine Erste Ursache geben, nicht stichhaltig sein kann. Ich kann sagen, dass ich es, als ich jung war und mich sehr ernsthaft mit solchen Fragen auseinandersetzte, lange akzeptiert habe, bis ich eines Tages, im Alter von achtzehn Jahren, die *Autobiographie* von John Stuart Mill las und folgenden Satz darin fand: »Mein Vater lehrte mich, dass man auf die Frage, ›Wer hat mich gemacht?‹, nicht antworten könne, [...] weil sich so unmittelbar die Frage einstelle: ›Wer hat Gott gemacht?‹«[2] Dieser ganz einfache Satz offenbarte mir bis heute den Fehlschluss im Argument der Ersten Ursache: Wenn alles eine Ursache haben muss, dann muss auch Gott eine Ursache haben. Wenn es aber etwas ohne Ursache geben kann, könnte dies ebenso gut die Welt sein, wie Gott, sodass sich die Beweiskraft des Arguments als null und nichtig erweist. Es ist vom gleichen Schlage wie die Ansicht des Hindu, die Welt ruhe auf einem Elefanten, und der Elefant auf dem Rücken einer Schildkröte; als sie aber fragten: »Und was ist mit der Schildkröte?«, sagte der Inder: »Reden wir lieber von etwas Anderem.« Besser als das ist besagtes Argument

2 John Stuart Mill, *Autobiographie*, Hamburg 2011, S. 35.

wahrhaftig nicht. Es gibt weder einen Grund, warum die Welt nicht ohne Ursache entstanden sein könnte, noch gibt es einen Grund, warum sie nicht seit jeher existiert haben sollte. Es gibt keinen Grund, anzunehmen, dass die Welt überhaupt einen Anfang hat. Die Vorstellung, Dinge müssten einen Anfang haben, ist nur ein Armutszeugnis unserer Vorstellungskraft. Daher erübrigt es sich wohl, noch mehr Zeit auf das Argument der Ersten Ursache zu verschwenden.

Das Argument der Naturgesetzlichkeit

Ein anderes sehr geläufiges Argument stützt sich auf das Naturgesetz. Dies war das ganze 18. Jahrhundert hindurch ein beliebtes Argument, insbesondere unter dem Einfluss von Sir Isaac Newton und dessen Kosmogonie. Die Menschen beobachteten, wie sich die Planeten nach dem Gravitationsgesetz um die Sonne bewegten, und sie dachten, Gott habe die Planeten geheißen, sich auf eben diese Weise zu bewegen, also taten sie es. Das war natürlich eine bequeme und einfache Erklärung, die ihnen die Mühe ersparte, weiter nach Erklärungen für das Gravitationsgesetz zu forschen. Heute pflegen wir es auf eine recht komplizierte Art und Weise nach Einstein zu erklären. Aber ich habe nicht die Absicht, Ihnen eine Vorlesung über Einsteins Gravitationstheorie zu halten, denn auch das würde einige Zeit in Anspruch nehmen; auf jeden Fall stellen sich Naturgesetze heute anders dar als im Newton'schen System, in dem die Natur aus unerfindlichen Gründen ein einheitliches Verhalten an den Tag legte. Nachträglich entdecken wir, dass sehr viele Dinge, die wir für Naturgesetze gehalten haben, in Wirklichkeit menschliche Konventionen sind. Man weiß, dass drei Fuß noch in den fernsten Tiefen des Sternenraums ein Yard ergeben. Das ist zweifellos eine höchst bemerkenswerte Tatsache, aber man würde sie wohl kaum als Naturgesetz bezeichnen. Und so verhält es sich mit vielen Dingen, die als Naturgesetz betrachtet worden sind. Auf der anderen Seite sieht man, dass Atome, soweit wir ein bescheidenes Wissen darüber zu erlangen vermögen, was sie tatsächlich tun, dem Gesetz sehr viel weniger unterworfen sind, als angenommen wurde, und dass die Gesetze, die wir daraus ableiten, nichts anderes sind als statistische Durchschnittswerte von derselben Art, wie sie sich aus dem Zufall ergeben. Jeder von uns kennt das Gesetz, dem zufolge man nur alle sechsunddreißig Mal zwei Sechser würfelt, und doch betrachtet es niemand als Beweis dafür, dass der Würfelfall planmäßig gesteuert wird; im Gegenteil, wenn jedes Mal zwei Sechser fielen, würden wir vermuten, dass ein Plan dahintersteckt. Viele Naturgesetze sind von dieser Art: statistische Durchschnittswerte, wie sie sich auch aus der Wahrscheinlichkeitsrechnung ergeben, wodurch die ganze Sache mit den Naturgesetzen sehr viel weniger beeindruckend wird, als sie es früher einmal war. Doch abgesehen von alldem, was dem momentanen Stand der Wissenschaft entspricht und sich morgen ändern kann, beruht die ganze Vorstellung, Naturgesetze implizierten einen Gesetzgeber, auf einer Verwechselung von Naturgesetz und menschlichem Gesetz. Menschliche Gesetze sind Gebote, die vorschreiben, wie man sich zu verhalten hat, und deren Vorschriften man befolgen oder nicht befolgen kann; Naturgesetze hingegen sind eine Beschreibung dessen, wie Dinge sich de facto verhalten. Aus der bloßen Beschreibung dessen, was sie tatsächlich tun, kann man nicht folgern, es müsse jemanden geben, der es ihnen genau so befohlen hat. Denn selbst angenommen, das sei der Fall, stellte sich alsbald die Frage: »Warum hat Gott ausgerechnet diese Naturgesetze erlassen und keine anderen?« Wenn Sie behaupten, er habe es einfach aus Spaß an der Freude gemacht, ohne irgendeinen Grund, dann stellen Sie fest, dass es etwas gibt, was dem Gesetz nicht unterworfen ist, und Ihre Kette der natürlichen Gesetzmäßigkeiten ist unterbrochen. Wenn Sie aber mit den eher orthodoxen Theologen sagen, Gott habe bei allen von ihm erlassenen Gesetzen einen Grund gehabt, dass es gerade diese und keine anderen sein sollten – wobei der Grund natürlich die Absicht ist, das beste Universum zu erschaffen, obwohl man dies nie vermuten würde, wenn man es sich ansieht –, wenn es also einen Grund für die Gesetze gab, die Gott erlassen hat, dann war Gott selbst dem Gesetz unterworfen und es brächte Ihnen keinen Vorteil mehr, Gott als Mittler einzuschalten. Das heißt, Sie hätten wirklich ein Gesetz vor und unabhängig von den göttlichen Geboten, und Gott könnte Ihren Zwecken nicht mehr dienen, weil er nicht der höchste Gesetzgeber wäre. Um es kurz zu sagen, die ganze Beweisführung mit dem Naturgesetz hat nichts mehr von ihrer einstigen Stärke. In meinem Rückblick auf die Argumente, die als Beweis für die Existenz Gottes herangezogen werden, schreite ich in der Zeit voran, und mit der Zeit ändert sich ihr Charakter. Zuerst waren es scharfe, intellektuelle Argumente, die bestimmte, ziemlich klare Fehlschlüsse enthielten. Je näher wir der Neuzeit kommen, umso weniger achtbar erscheinen sie intellektuell und kranken umso mehr an einer Art moralisierender Verschwommenheit.

Das Argument der Planung

Der nächste Schritt in diesem Prozess führt uns zum Argument der Planung. Jeder von Ihnen kennt es: Alles auf der Welt ist genau so eingerichtet, dass wir die Möglichkeit haben, in ihr zu leben, und wäre die Welt auch nur ein klein wenig anders, könnten wir unmöglich in ihr leben. Das ist das Argument eines zweckmäßigen Plans. Bisweilen nimmt es recht seltsame Formen an; so wird zum Beispiel behauptet, Kaninchen hätten weiße Blumen, damit man sie leichter schießen kann. Ich weiß nicht, was Kaninchen von einem derartigen Zweck halten würden. Es liegt nahe, das Argument zu parodieren. Wer kennt nicht Voltaires Bemerkung, die Nase sei offensichtlich dafür gemacht worden, eine Brille zu tragen. Doch solche Parodien haben sich keineswegs als so weit gefehlt erwiesen, wie es im 18. Jahrhundert erschienen sein mag, denn seit Darwin verstehen wir viel besser, warum Lebewesen an ihre Umwelt angepasst sind. Nicht, dass die Umwelt auf sie eingestellt worden wäre, sondern sie haben sich auf die Umwelt eingestellt. Das ist die Grundlage der Anpassung. Es gibt keinerlei Anzeichen für einen Plan.

Wenn man das Argument der Planung näher betrachtet, erscheint es höchst verwunderlich, dass Menschen glauben können, diese Welt mit allem, was sie enthält, mit all ihren Mängeln, solle das Beste sein, was Allmacht und Allwissenheit in Millionen von Jahren hervorzubringen vermochten. Ich kann das wirklich nicht glauben. Meinen Sie, wenn Ihnen Allmacht und Allwissenheit und Millionen von Jahren gewährt würden, um Ihre Welt vollkommener zu machen, dass Sie nichts Besseres hervorbrächten als den Ku-Klux-Klan oder die Faschisten? Obendrein müssen Sie, sofern Sie die gewöhnlichen Gesetze der Wissenschaft anerkennen, davon ausgehen, dass das menschliche Leben und das Leben im Allgemeinen auf diesem Planeten zu gegebener Zeit erlöschen werden: Es ist ein Stadium im Verfall des Sonnensystems; in einem bestimmten Verfallsstadium ergeben sich aus den Temperatur- und sonstigen Verhältnissen günstige Bedingungen für das Protoplasma, und eine kurze Zeit lang existiert Leben im langen Leben des Sonnensystems. Am Mond können Sie in etwa sehen, was aus der Erde einmal werden wird – etwas Totes, Kaltes, Lebloses.

Man sagt mir, eine solche Aussicht sei deprimierend, und manche werden Ihnen erzählen, wenn sie das glaubten, könnten sie nicht weiterleben. Glauben Sie das nicht; es ist kompletter Unsinn. Niemand macht sich wirklich große Sorgen darum, was in Jahrmillionen geschehen wird. Und selbst wer sich große Sorgen darum zu machen meint, macht sich in Wirklichkeit etwas vor. Er sorgt sich um etwas viel Banaleres, vielleicht auch nur um seine schlechte Verdauung. Der Gedanke an etwas, was der Welt in Millionen von Jahren widerfahren wird, stürzt niemanden ernsthaft ins Unglück. Auch wenn es natürlich eine düstere Aussicht ist, anzunehmen, alles Leben werde aussterben – ich nehme zumindest an, dass wir das so sagen dürfen, obwohl ich manchmal, wenn ich darüber nachdenke, was die Menschen so mit ihrem Leben machen, den Eindruck habe, es sei fast ein Trost –, ist sie doch nicht dazu angetan, uns das Leben zu vergällen. Sie veranlasst uns höchstens, uns anderen Dingen zuzuwenden.

Die moralischen Argumente für eine Gottheit

Nun erreichen wir die nächste Stufe dessen, was ich den intellektuellen Abstieg der Theisten in ihren Beweisführungen nennen möchte, und wir kommen zu den sogenannten moralischen Argumenten für die Existenz Gottes. In alten Zeiten gab es bekanntlich drei intellektuelle Argumente, derer man sich bediente, um die Existenz Gottes zu beweisen, und die Immanuel Kant in seiner *Kritik der reinen Vernunft* allesamt abgeschmettert hat; doch kaum hatte er sie abgeschmettert, erfand er ein neues, ein moralisches Argument, und das überzeugte ihn vollkommen. Er war, wie so viele Menschen sind: ein Skeptiker in intellektuellen Fragen, aber in Fragen der Moral glaubte er bedingungslos an die Maximen, die er mit der Muttermilch eingesogen hatte. Das veranschaulicht beispielhaft, was die Psychoanalytiker so sehr betonen – dass unsere frühkindlichen Prägungen unvergleichlich stärker nachwirken als die späteren.

Wie gesagt, erfand Kant ein neues moralisches Argument für die Existenz Gottes, das in unterschiedlicher Gestalt im 19. Jahrhundert äußerst populär wurde und alle möglichen Formen annahm. Eine drückte sich darin aus, zu sagen, es gebe kein Gut und Böse, es sei denn, dass

Gott sei. Im Moment geht es mir nicht darum, ob es überhaupt einen Unterschied zwischen Gut und Böse gibt; das ist ein anderes Problem. Der Punkt, um den es hier geht, besteht vielmehr darin: Wenn Sie ganz sicher sind, dass es einen Unterschied zwischen Gut und Böse gibt, dann stellt sich die Frage, ob er Gottes Weisung zu verdanken ist oder nicht. Wenn ja, gibt es für Gott selbst keinen Unterschied zwischen Gut und Böse und die Aussage, Gott sei gut, wird bedeutungslos. Wenn Sie aber mit den Theologen sagen, Gott sei gut, müssen Sie einräumen, dass die Bedeutung von Gut und Böse unabhängig ist von Gottes Weisungen, denn Gottes Weisungen sind gut und nicht schlecht, unabhängig von der bloßen Tatsache, dass er es war, der sie erteilt hat. Dann wiederum müssen Sie auch sagen, dass Gut und Böse nicht nur durch Gott entstanden sein können, sondern in ihrem Wesen logischerweise vor Gott existiert haben. Je nach Lust und Laune könnten Sie natürlich fortfahren, eine noch höhere Gottheit habe Gott angewiesen, diese Welt zu erschaffen, oder Sie könnten sich der Auffassung anschließen, zu der einige Gnostiker gelangt sind – eine Auffassung, die ich oft sehr plausibel fand –, dass es in Wirklichkeit der Teufel war, der diese Welt, wie wir sie kennen, in einem Augenblick erschuf, in dem Gott nicht hingesehen hat. Es gibt viele Dinge, die dafür sprechen, und es ist nicht an mir, sie zu widerlegen.

Das Argument der Aufhebung von Ungerechtigkeit

Es gibt noch eine andere, sehr merkwürdige Form von moralischer Argumentation, und zwar folgende: Es heißt, die Existenz Gottes sei erforderlich, um Gerechtigkeit in die Welt zu bringen. In dem Teil des Universums, den wir kennen, herrscht große Ungerechtigkeit, wobei oft die Guten leiden, während es den Ruchlosen wohlergeht, und man kaum weiß, was von beidem ärgerlicher ist. Wenn dennoch im Universum als Ganzem Gerechtigkeit herrschen soll, muss ein zukünftiges Leben als Ausgleich für das Leben hier auf Erden vorausgesetzt werden. Also heißt es, es müsse einen Gott geben, und es müsse Himmel und Hölle geben, damit langfristig Gerechtigkeit herrsche. Das ist ein sehr merkwürdiges Argument. Aus wissenschaftlicher Sicht betrachtet, würde man sagen: »Ich kenne schließlich nur diese Welt. Ich weiß nichts über den Rest des Universums, aber sofern man überhaupt mit Wahrscheinlichkeiten argumentieren kann, stellt diese Welt wahrscheinlich eine gültige Probe dar, und wenn hier Ungerechtigkeit herrscht, bestehen gute Chancen, dass auch anderswo Ungerechtigkeit herrscht.« Angenommen, Sie hätten eine Kiste Orangen bekommen, den Deckel aufgemacht und die ganze oberste Schicht Orangen verdorben vorgefunden, dann würden Sie gewiss nicht folgern: »Die unteren müssen gut sein, um das Gleichgewicht wiederherzustellen.« Eher würden Sie sagen: »Wahrscheinlich ist der ganze Posten schlechte Ware.« Genauso würde ein Wissenschaftler in Bezug auf das Universum argumentieren und sagen: »Hier auf Erden finden wir eine Menge Ungerechtigkeit, und insofern ist das ein Grund anzunehmen, in der Welt herrsche keine Gerechtigkeit; es liefert also ein moralisches Argument gegen die Existenz eines Gottes, und nicht dafür.« Ich weiß natürlich, dass intellektuelle Argumente, wie ich sie Ihnen dargelegt habe, nicht das sind, was die Menschen wirklich bewegt. Was sie wirklich veranlasst, an Gott zu glauben, hat mit intellektuellen Argumenten nichts zu tun. Die meisten Menschen glauben an Gott, weil sie seit ihrer frühen Kindheit dazu angehalten wurden; das ist der wesentliche Grund.

Ein anderer, außerordentlich wirksamer Grund scheint mir der Wunsch nach Sicherheit zu sein, ein irgendwie beruhigendes Gefühl, da sei ein großer Bruder, der auf einen aufpasst. Das spielt eine tiefgreifende Rolle bei der Sehnsucht der Menschen nach einem Glauben an Gott.

Der Charakter Christi

Ich möchte nun ein paar Worte zu einem Thema sagen, von dem ich meine, dass es von den Rationalisten oft ein wenig vernachlässigt wird, nämlich die Frage, ob Christus der beste und weiseste aller Menschen war. Gemeinhin wird selbstverständlich angenommen, wir müssten uns alle darüber einig sein. Ich persönlich widerspreche. Ich glaube, dass es eine ganze Menge Punkte gibt, in denen ich sehr viel mehr mit Christus übereinstimme als diejenigen, die sich bekennende Christen nennen. Ich weiß nicht, wie weit ich ihm im Einzelnen folgen könnte, aber ich könnte es wohl ein ganzes Stück weiter als die meisten bekennenden Christen. Erinnern Sie sich nur an seine

Worte: »Ihr sollt dem Übel nicht widerstreben; sondern so dir jemand einen Streich gibt auf deinen rechten Backen, dem biete den andern auch dar.« Als Gebot oder Grundsatz ist das nicht neu. Von Lao-Tse und Buddha wurde es schon fünf oder sechs Jahrhunderte vor Christus verkündet, aber es ist ein Grundsatz, den die Christen de facto nicht anerkennen. Ich habe keinen Zweifel, dass unser gegenwärtiger Premierminister[3] beispielsweise ein höchst ernsthafter Christ ist, aber ich würde niemandem von Ihnen raten, hinzugehen und ihm einen Streich auf den Backen zu geben. Ich fürchte, Sie müssten feststellen, dass er glaubt, diese Worte seien in einem übertragenen Sinne gemeint.

Dann gibt es einen weiteren Punkt, den ich hervorragend finde. Sie werden sich erinnern, dass Jesus sagte: »Richtet nicht, auf dass ihr nicht gerichtet werdet.« Ein Prinzip, das an den Gerichtshöfen christlicher Länder kaum großen Anklang gefunden haben dürfte. Ich selber habe eine ganze Reihe Richter kennengelernt, die aufrichtige Christen waren, und nicht einer von ihnen hatte das Gefühl, mit dem, was er tat, gegen christliche Prinzipien zu verstoßen. Außerdem sagt Christus: »Gib dem, der dich bittet, und wende dich nicht von dem, der dir abborgen will.« Auch das ist ein sehr guter Grundsatz.

Ihr Vorsitzender hat uns in Erinnerung gerufen, wir seien nicht hier, um über Politik zu reden, aber ich kann mich der Bemerkung nicht enthalten, dass sich unsere letzten Unterhauswahlen an der Streitfrage entschieden haben, ob es wünschenswert sei, sich von dem abzuwen-

3 Stanley Baldwin (1867–1947), im Amt von 1935–1937.

den, der von dir borgen will, sodass man offenbar davon ausgehen muss, dass in den Reihen der Liberalen und der Konservativen unseres Landes vorwiegend Menschen sind, die der Lehre Christi nicht zustimmen. Denn sie haben sich bei der Gelegenheit wahrhaftig sehr brüsk abgewandt.

Es gibt noch einen anderen Grundsatz Christi, der meiner Ansicht nach viele Möglichkeiten in sich birgt, doch mir scheint, dass er bei einigen unserer christlichen Freunde nicht sehr beliebt ist. Christus sagt: »Willst du vollkommen sein, so gehe hin, verkaufe, was du hast, und gib's den Armen.« Das ist ein ausgezeichneter Grundsatz, doch wie gesagt, wird er eher selten praktiziert. Das alles, finde ich, sind gute Maximen, obwohl ihnen etwas schwer zu folgen ist. Ich jedenfalls kann das nicht von mir behaupten, aber das ist schließlich auch nicht ganz das Gleiche wie für einen Christen.

Das Versagen der Lehre Christi

Nachdem ich diesen Grundsätzen Vortrefflichkeit zuerkannt habe, komme ich nun zu bestimmten Punkten, in denen man Christus, so wie er in den Evangelien beschrieben wird, meiner Ansicht nach weder höchste Weisheit noch höchste Güte zuerkennen kann; dabei möchte ich hinzufügen, dass es hier nicht um die historische Frage geht. Historisch erscheint es recht zweifelhaft, ob Christus überhaupt existiert hat, und wenn ja, dann wissen wir nichts über ihn, weshalb ich mich mit dieser Frage, die eine sehr schwierige ist, nicht aufhalten will. Mir geht es um Christus, wie er in den Evangelien dargestellt wird, nach der biblischen Erzählung, wie sie geschrieben steht, und in der man einige Dinge findet, die nicht sehr weise anmuten. Zum einen dachte er ganz offensichtlich, dass er in einer Wolke der Herrlichkeit noch vor dem Tod all derer, die damals lebten, wiederkehren werde. Es gibt zahlreiche Texte, die das beweisen. So sagt er zum Beispiel: »Ihr werdet mit den Städten Israels nicht zu Ende kommen, bis des Menschen Sohn kommt.« Dann sagt er: »Es stehen etliche hier, die nicht schmecken werden den Tod, bis dass sie des Menschen Sohn kommen sehen in seinem Reich.« Aus diesen und vielen anderen Stellen geht eindeutig hervor, dass er glaubte, seine Wiederkunft werde sich zu Lebzeiten der meisten damals Lebenden ereignen. Das war auch der Glaube seiner früheren Anhänger und zugleich die Grundlage eines großen Teils seiner moralischen Lehre. Wenn er sagte: »Sorgt nicht für den andern Morgen«, und dergleichen mehr, so hauptsächlich, weil er dachte, seine Wiederkehr sei nahe und all die irdischen Alltäglichkeiten zählten nicht. Ich habe tatsächlich einige Christen kennengelernt, die überzeugt waren, die Wiederkunft Christi stehe unmittelbar bevor. Ich kannte einen Pfarrer, der seine Gemeinde mit dieser Verheißung fürchterlich erschreckte, aber es tröstete sie sehr zu sehen, dass er in seinem Garten Bäume pflanzte. Die frühen Christen glaubten es wirklich und enthielten sich solcher Dinge, wie in ihren Gärten Bäume zu pflanzen, weil sie von Christus den Glauben empfingen, seine Wiederkunft stehe unmittelbar bevor. Was dies betrifft, war er eindeutig nicht so weise wie manch andere, und sicher war er nicht der Weiseste von allen.

Das moralische Problem

Wenden wir uns nun den moralischen Fragen zu. Meiner Ansicht nach leidet der moralische Charakter Christi an einem folgenschweren Mangel, der darin besteht, dass er an die Hölle glaubte. Ich halte es für ausgeschlossen, dass jemand, der wirklich zutiefst menschlich ist, an eine ewige Strafe glauben kann. Christus, wie er in den Evangelien beschrieben wird, glaubte mit Sicherheit daran, und man findet wiederholt einen rachsüchtigen Zorn gegen jene, die auf seine Predigten nicht hören wollten – eine Einstellung, die bei Predigern keine Seltenheit ist, aber doch ein wenig von der höchsten Güte vermissen lässt. Bei Sokrates beispielsweise finden Sie eine solche Einstellung nicht. Er begegnet denen, die nicht auf ihn hören, stets recht milde und höflich; ich meine, das ist eines Weisen sehr viel würdiger, als sich zu entrüsten. Wahrscheinlich erinnern Sie sich an einiges von dem, was Sokrates sagte, als er starb, und was er denen zu sagen pflegte, die ihm nicht zustimmten.

In den Evangelien finden Sie, was Christus sagt: »Ihr Schlangen und Otterngezücht! Wie wollt ihr der höllischen Verdammnis entrinnen?« Dergleichen bekamen jene zu hören, die seine Predigten nicht mochten. Ich finde, das ist wirklich nicht der beste Ton, und es gibt eine Menge solcher Äußerungen über die Hölle. Vor allem natürlich den berühmten Text über die Sünde wider den Heiligen Geist: »Wer etwas redet wider den Heiligen Geist, dem wird's nicht vergeben, weder in dieser noch in jener Welt.« Diese Worte haben unermessliches Leid über die Welt gebracht, denn alle möglichen Menschen bildeten sich ein, die Sünde wider den Heiligen Geist begangen zu haben, und dachten, sie werde ihnen nicht vergeben. Ich glaube wirklich nicht, dass jemand mit etwas Freundlichkeit im Herzen diese Art von Angst und Schrecken in die Welt gesetzt hätte.

Ferner sagt Christus: »Des Menschen Sohn wird seine Engel senden; und sie werden sammeln aus seinem Reich alle Ärgernisse und die da unrecht tun, und werden sie in den Feuerofen werfen; da wird sein Heulen und Zähneklappen.« Und so fährt er fort, immerzu Heulen und Zähneklappen. Es kommt in einem Vers nach dem anderen, und der Leser spürt sehr wohl, dass das Heulen und Zähneklappen mit einer gewissen Lust betrachtet wird, sonst würde es nicht ständig wiederholt. Außerdem kennen Sie natürlich alle die Geschichte von den Schafen und den Böcken; wie er, wenn dereinst die Stunde kommt, die Schafe von den Böcken zu scheiden, zu den Böcken sagen wird: »Gehet hin von mir, ihr Verfluchten, in das ewige Feuer.« Und noch einmal: »Sie werden in die ewige Pein gehen.« Dann wiederum sagt er: »So dich aber deine Hand ärgert, so haue sie ab! Es ist dir besser, dass du als ein Krüppel zum Leben eingehest, denn dass du zwei Hände habest und fahrest in die Hölle, in das ewige Feuer, da ihr Wurm nicht stirbt und ihr Feuer nicht verlöscht.« Auch das wiederholt er ein ums andere Mal. Ich muss sagen, dass ich die ganze Lehre vom Höllenfeuer als Sündenstrafe für eine Lehre der Grausamkeit erachte. Diese Lehre hat Grausamkeit in die Welt gebracht und ihr Generationen grausamer Folter beschert; und der Christus der Evangelien, könnte man ihn denn so nehmen, wie seine Chronisten ihn darstellen, müsste zumindest teilweise dafür verantwortlich gemacht werden.

Es gibt noch andere Dinge von geringerer Bedeutung. Da wäre etwa der Fall der Gerasener Säue, zu denen Jesus sicher nicht sehr freundlich war, als er die Teufel in ihre Herde fahren ließ und die Tiere alle miteinander dazu brachte, sich den Abhang hinab ins Meer zu stürzen. Man muss bedenken, dass er ja schließlich allmächtig war und die Teufel einfach hätte wegschicken können; aber er wollte sie lieber in die Säue fahren lassen. Dann die seltsame Geschichte mit dem Feigenbaum, die mir immer ein ziemliches Rätsel war. Sie erinnern sich, was mit dem Feigenbaum geschah. »Es hungerte ihn. Und er sah einen Feigenbaum von ferne, der Blätter hatte; da trat er hinzu, ob er etwas darauf fände, und da er hinzukam, fand er nichts denn nur Blätter, denn es war noch nicht Zeit, dass Feigen sein sollten. Und Jesus antwortete und sprach zu ihm: Nun esse von dir niemand ewiglich! … Und da sprach Petrus: Rabbi, siehe, der Feigenbaum, den du verflucht hast, ist verdorrt.« Das ist eine sehr seltsame Geschichte, da es ja nicht die richtige Jahreszeit für Feigen war und der Baum wahrhaftig nichts dafür konnte. Was mich betrifft, so kann ich Christus in Sachen Weisheit und Tugend nicht ganz auf der Höhe einiger anderer Persönlichkeiten sehen, die in die Geschichte eingegangen sind. Ich glaube, ich würde Buddha und Sokrates in diesen Dingen doch über ihn stellen.

Der emotionale Faktor

Wie ich bereits sagte, glaube ich nicht, dass der wahre Grund, warum Menschen einer Religion Glauben schenken, auch nur das Geringste mit Argumenten zu tun hat. Glauben schenken sie der Religion vielmehr aus emotionalen Gründen. Oft wird gesagt, die Religion anzugreifen sei von großem Übel, weil sie die Menschen tugendhaft mache. Das sagt man mir; doch ich habe noch nichts davon bemerkt. Vermutlich kennen Sie die Parodie auf dieses Argument in Samuel Butlers zweitem Roman, *Erewhon Revisited*. Sie erinnern sich, dass im ersten, *Erewhon*, ein gewisser Higgs vorkommt, der ein abgeschiedenes Land entdeckt, sich einige Zeit dort aufhält und schließlich mit einem Ballon entflieht. Zwanzig Jahre später kehrt er in das Land zurück und findet eine neue Religion vor, in der er selbst unter dem Namen »Sonnenkind« verehrt wird, und es heißt, er sei in den Himmel aufgefahren. Nun soll gerade das Himmelfahrtsfest gefeiert werden, als er die Professoren Hanky und Panky zueinander sagen hört, sie hätten den Menschen Higgs nie zu Gesicht bekommen und hofften, es werde auch dabei bleiben. Diese Professoren aber sind die Hohenpriester der Religion des Sonnenkinds. Empört geht Higgs zu ihnen hin und sagt: »Ich werde diesen ganzen Humbug entlarven und dem Volk von Erewhon sagen, dass nur ich es war, der Mensch Higgs, der mit einem Ballon aufgestiegen ist.« Woraufhin ihm erklärt wird: »Das dürfen Sie nicht tun, weil die ganze Moral unseres Landes an diesem Mythos hängt, und wenn die Leute einmal wissen, dass Sie nicht in den Himmel aufgefahren sind, werden sie alle bösartig.« Davon lässt er sich überzeugen und geht ruhig von dannen.

Eben das ist die Idee – wir alle würden bösartig, wenn wir nicht an der christlichen Religion festhielten. Mir scheint jedoch, dass gerade diejenigen, die an ihr festgehalten haben, zum größten Teil außerordentliche Bosheit an den Tag legten. Man stößt auf die seltsame Tatsache, dass die Grausamkeit stets umso schlimmer und die Missstände umso größer waren, je stärker die Religion einer Epoche und je tiefer der dogmatische Glaube waren. Im sogenannten Zeitalter des Glaubens, als die Menschen bedingungslos an die christliche Religion als Ganzes glaubten, gab es die Foltern der Inquisition; es gab Millionen unglückseliger Frauen, die als Hexen verbrannt wurden; und jede erdenkliche Art von Grausamkeit wurde allen möglichen Menschen im Namen der Religion zugefügt.

Sehen Sie sich in der Welt um, und Sie stellen fest, dass jedes bisschen Fortschritt in der Entwicklung von Menschlichkeit, jede Verbesserung des Strafrechts, jeder Schritt zu einer besseren Behandlung der Farbigen oder zur Milderung der Sklaverei, jeder moralische Fortschritt, den es auf der Welt gegeben hat, durchgehend von den organisierten Kirchen der Welt bekämpft worden ist. Ich sage ganz bewusst, dass die christliche Religion in ihrer kirchlich organisierten Form der Hauptfeind des moralischen Fortschritts in der Welt war und bis heute ist.

Wie die Kirchen den Fortschritt behindert haben

Vielleicht denken Sie, ich ginge zu weit, wenn ich bis heute sage. Ich glaube nicht. Nehmen wir ein Beispiel. Sie mögen mir nachsehen, dass ich es anspreche. Es ist nichts Erfreuliches, aber die Kirchen zwingen uns, über unerfreuliche Dinge zu sprechen. Angenommen, in dieser Welt, in der wir heute leben, heiratet ein unerfahrenes Mädchen einen Mann, der unter Syphilis leidet. In diesem Fall sagt die Kirche: »Die Ehe ist ein unauflösliches Sakrament. Ihr müsst zusammenbleiben, bis dass der Tod euch scheidet.« Und die Frau darf nichts, aber auch gar nichts unternehmen, um sich davor zu schützen, syphilitische Kinder zu gebären. Das ist es, was die katholische Kirche sagt. Ich sage, das ist teuflische Grausamkeit, und niemand, dessen natürliches Mitgefühl nicht vom Dogma verbogen, oder dessen moralisches Empfinden nicht gegenüber jedem Sinn für Leiden abgestorben ist, könnte behaupten, es sei recht und billig, einen solchen Zustand aufrechtzuerhalten.

Das ist nur ein Beispiel. Es gibt zahlreiche Spielarten, durch welche die Kirche zum gegenwärtigen Zeitpunkt im Beharren auf dem, was sie als Moral ausgibt, allen möglichen Menschen unverdientes und unnötiges Leid zufügt. Und selbstverständlich ist sie, wie wir wissen, größtenteils auch heute noch gegen Fortschritt und Verbesserung in allem, was das Leiden in der Welt verringern könnte, da sie entschieden hat, das Etikett Moral auf eine kleine Zahl von Verhaltensregeln zu beschränken, die mit menschlichem Glück nichts zu tun haben; und wenn Sie sagen, dies oder jenes müsse geschehen, weil es zum menschlichen Glück beiträgt, meint die Kirche, das habe mit der Sache überhaupt nichts zu tun. »Was hat menschliches Glück mit Moral zu tun? Die Moral ist nicht dazu bestimmt, Menschen glücklich zu machen.«

Angst als Grundlage der Religion

Religion gründet sich vor allem und hauptsächlich auf Angst. Zum Teil ist es der Schrecken vor dem Unbekannten, und zum Teil, wie gesagt, die Sehnsucht nach dem Gefühl, eine Art älteren Bruder zu haben, der einem in allen Schwierigkeiten und Auseinandersetzungen beisteht. Angst ist die Grundlage der ganzen Sache – Angst vor dem Geheimnisvollen, Angst vor Niederlagen, Angst vor dem Tod. Angst ist die Mutter der Grausamkeit, daher nimmt es nicht Wunder, dass Grausamkeit und Religion stets Hand in Hand gegangen sind. Weil beide auf Angst beruhen. Nun ermöglicht die Wissenschaft uns allmählich, die Dinge dieser Welt etwas besser zu verstehen und etwas besser zu beherrschen, eine Wissenschaft, die sich ihren Weg Schritt für Schritt gegen die christliche Religion, gegen die Kirchen und gegen den Widerstand all der alten Gebote freigekämpft hat. Die Wissenschaft kann uns helfen, die feige Angst, in der die Menschheit so viele Generationen hindurch gelebt hat, zu überwinden. Die Wissenschaft und ich glaube, auch unsere Herzen, können uns lehren, nicht länger nach imaginären Stützen zu suchen, nicht länger Verbündete im Himmel zu erfinden, sondern den Blick auf unsere eigenen irdischen Bemühungen zu richten, diese Welt zu einem lebensfreundlichen Ort zu machen, statt eines solchen, zu dem die Kirchen sie in all den Jahrhunderten gemacht haben.

Was wir tun müssen

Wir wollen auf eigenen Füßen stehen und die Welt offen und ehrlich betrachten – das Gute, das Schlechte, ihre Schönheiten und ihre Hässlichkeit; die Welt sehen, wie sie ist, und uns nicht vor ihr fürchten. Die Welt durch Intelligenz erobern, und nicht nur durch sklavische Unterwerfung unter den Schrecken, der von ihr ausgeht. Die ganze Gottesvorstellung leitet sich von den alten orientalischen Gewaltherrschaften ab. Es ist eine Vorstellung, die des freien Menschen vollkommen unwürdig ist. Wenn man hört, wie sich Gläubige in der Kirche erniedrigen, wie sie sagen, dass sie alle elende Sünder und was sonst nicht alles sind, so erscheint das verachtenswert und eines sich selbst achtenden Menschen nicht würdig. Wir sollten uns erheben und der Welt offen ins Gesicht sehen. Wir sollten uns bemühen, das Beste, was wir können, aus dieser Welt zu machen, und wenn sie nicht so gut ist, wie wir es gewünscht hätten, wird sie immer noch besser sein als das, was jene anderen über all die Zeitalter hinweg aus ihr gemacht haben. Eine gute Welt braucht Wissen, Freundlichkeit und Mut; sie braucht keine wehmütige Sehnsucht nach der Vergangenheit, keine Beschneidung der freien Intelligenz durch Worte, die vor langer Zeit von unwissenden Menschen ausgesprochen wurden. Sie braucht Hoffnung für die Zukunft, kein ständiges Zurückblicken auf eine tote Vergangenheit, sondern Vertrauen darauf, das Vergangene durch eine Zukunft, wie unsere freie Intelligenz sie zu schaffen vermag, bei Weitem zu übertreffen.

II
Hat die Religion nützliche Beiträge zur Zivilisation geleistet?

Erstveröffentlichung 1930

Was die Religion betrifft, bin ich der gleichen Ansicht wie Lukrez. Ich halte sie für ein aus der Angst geborenes Übel und eine Quelle unsäglichen Leids für die Menschheit. Ich kann jedoch nicht leugnen, dass sie auch Beiträge zur Zivilisation geleistet hat. In frühen Zeiten half sie, den Kalender festzulegen, und sie veranlasste ägyptische Priester, so gewissenhaft über Finsternisse zu berichten, dass es ihnen mit der Zeit gelang, deren Auftreten vorherzusagen. Diese zwei Verdienste will ich gern anerkennen, aber sonst wüsste ich keine.

Das Wort »Religion« wird heutzutage in einem sehr weiten Sinne gebraucht. Manche, die dem Einfluss eines extremen Protestantismus unterliegen, benutzen es, um jede ernsthafte persönliche Überzeugung hinsichtlich der Moral oder der Beschaffenheit des Universums zu bezeichnen. Dieser Gebrauch des Wortes ist ziemlich unhistorisch. Religion ist primär ein gesellschaftliches Phänomen. Die Kirchen mögen ihren Ursprung bestimmten Lehrern mit starken individuellen Überzeugungen verdanken, aber diese Lehrer hatten selten großen Einfluss auf die von ihnen gegründeten Kirchen, während die Kirchen gewaltigen Einfluss auf die Gemeinden hatten, in denen sie gediehen. Um das Beispiel zu nehmen, das für Mitglieder der westlichen Zivilisation am interessantesten ist: Die Lehre Christi, wie sie aus den Evangelien hervorgeht, hatte außerordentlich wenig mit der Ethik von Christen zu tun. Aus gesellschaftlicher und historischer Sicht ist das Wichtigste am Christentum nicht Christus, sondern die Kirche, und wenn wir uns ein Urteil über das Christentum als gesellschaftliche Kraft bilden wollen, dürfen wir unsere Informationen nicht aus den Evangelien beziehen. Christus lehrte, man solle sein Hab und Gut den Armen geben, man solle nicht kämpfen, man solle nicht die Kirche besuchen und Ehebruch nicht bestrafen. Weder Katholiken noch Protestanten haben große Lust gezeigt, seiner Lehre auch nur in einem dieser Punkte zu folgen. Es ist wahr, dass manche Franziskaner versucht haben, die Lehre apostolischer Armut zu verkünden, aber der Papst hat sie verdammt und ihre Lehre wurde für Ketzerei erklärt. Oder bedenken Sie einen Satz wie »Richtet nicht, auf dass ihr nicht gerichtet werdet«, und fragen Sie sich selbst, welchen Einfluss solche Worte auf die Inquisition oder auf den Ku-Klux-Klan genommen haben.

Das Gleiche wie für das Christentum gilt für den Buddhismus. Buddha war liebenswürdig und aufgeklärt; auf dem Totenbett lachte er darüber, dass seine Schüler ihn unsterblich glaubten. Die buddhistische Priesterschaft hingegen – wie sie etwa in Tibet existiert – war in höchstem Maße obskurantistisch, tyrannisch und grausam.

Dieser Unterschied zwischen einer Kirche und ihrem Gründer ist kein Zufall. Sobald den Reden eines bestimmten Menschen absolute Wahrheit unterstellt wird, sammeln sich Experten, um seine Reden auszulegen, und diese Experten gewinnen unfehlbar Macht, weil sie den Schlüssel zur Wahrheit besitzen. Wie alle anderen privilegierten Klassen benutzen sie ihre Macht zum eigenen Vorteil. In einer Hinsicht allerdings sind sie schlimmer als jede andere privilegierte Klasse, da ihr Geschäft darin besteht, eine unveränderliche, ein für allemal in absoluter Vollkommenheit offenbarte Wahrheit darzulegen, wodurch sie zwangsläufig zu Gegnern jedes intellektuellen oder moralischen Fortschritts werden. Die Kirche hat Galilei und Darwin bekämpft; heute bekämpft sie Freud. In den Zeiten ihrer größten Macht ist sie im Kampf gegen das intellektuelle Leben noch weiter gegangen. Papst Gregor der Große schrieb einem seiner Bischöfe einen Brief, der folgendermaßen begann: »Darnach aber haben wir erfahren, was wir nur anzuführen uns schämen, dass nämlich Deine Brüderlichkeit einigen Personen die Grammatik erkläre.« Mit päpstlicher Autorität wurde der Bischof strengstens verwiesen, solch ruchlose Bemühungen zu unterlassen, und das lateinische Schrifttum konnte sich bis zur Renaissance nicht mehr erholen. Aber die Religion schadet nicht nur intellektuell, sondern auch moralisch. Damit meine ich, dass sie ethische Vorschriften lehrt, die dem menschlichen Glück nicht zuträglich sind. Als vor einigen Jahren in Deutschland ein Volksentscheid darüber stattfand, ob die abgesetzten Fürstenhäuser weiterhin im Genuss ihres Privateigentums bleiben sollten, erklärten die deutschen Kirchen offiziell, es widerspreche der Lehre des Christentums, sie dessen zu berauben. Bekanntlich haben die Kirchen solange sie es wagten die Abschaffung der Sklaverei bekämpft, und mit ein paar gut beratenen Ausnahmen bekämpfen sie derzeit jede Bewegung, die auf ökonomische Gerechtigkeit abzielt. Der Papst hat den Sozialismus offiziell verurteilt.

Christentum und Sexualität

Der schlimmste Zug an der christlichen Religion jedoch ist ihre Einstellung zur Sexualität – eine so krankhafte und unnatürliche Einstellung, dass man sie nur in Zusammenhang mit dem Siechtum der zivilisierten Welt zur Zeit des untergehenden Römischen Reichs verstehen kann. Nun hören wir manchmal Äußerungen in dem Sinne, das Christentum habe die Stellung der Frau gestärkt. Das ist eine der gröbsten Geschichtsverdrehungen. Frauen können keine annehmbare Stellung in einer Gesellschaft genießen, die es für das Allerwichtigste hält, dass sie nicht gegen einen äußerst strengen Moralkodex verstoßen. Die Mönche haben die Frau stets in erster Linie als Verführerin betrachtet und als diejenige gesehen, die unzüchtige Begierden erregt. Die Kirchenlehre besagt nach wie vor, Jungfräulichkeit sei das Beste, doch denen, die dazu absolut nicht fähig seien, solle die Ehe erlaubt sein. »Es ist besser freien, denn Brunst leiden«, wie Paulus brutal sagte. Indem die Ehe für unauflöslich erklärt und alles Wissen über die Ars Amandi ausgemerzt wurde, tat die Kirche ihr Möglichstes, um zu gewährleisten, dass die einzige Form von Sexualität, die sie für zulässig erklärte, sehr wenig Lust und sehr viel Leid mit sich brachte. Der Widerstand gegen die Geburtenkontrolle hat in der Tat den gleichen Grund: Wenn eine Frau Jahr für Jahr ein Kind gebiert, bis sie vor Erschöpfung stirbt, wird sie aus ihrem Eheleben kaum große Lust beziehen; darum darf es keine Geburtenkontrolle geben.

Der mit christlicher Ethik verbundene Sündenbegriff ist dazu angetan, außerordentliches Unheil anzurichten, da er den Menschen ein Ventil für ihren als gerechtfertigt oder gar edel erscheinenden Sadismus bietet. Nehmen wir beispielsweise die Frage der Prävention von Syphilis. Das Risiko, sich mit dieser Krankheit anzustecken, kann durch vorbeugende Verhütungsmaßnahmen bekanntlich sehr gering gehalten werden. Die Christen jedoch wenden sich gegen die Verbreitung des Wissens um diese Tatsache, weil sie es für gut halten, dass Sünder bestraft werden. Sie halten es für so gut, dass sie sogar wollen, die Strafe möge sich auf Frauen und Kinder von Sündern erstrecken. Hier und heute gibt es viele Tausend Kinder, die unter angeborener Syphilis leiden und nie geboren worden wären, hätten die Christen nicht danach verlangt, Sünder bestraft zu sehen. Ich verstehe nicht, wie man Lehren, die zu derart teuflischer Grausamkeit führen, irgendeine gute Wirkung auf die Moral zusprechen kann.

Die Einstellung der Christen bedeutet nicht nur in Hinblick auf das Sexualverhalten, sondern auch in Hinblick auf das Wissen um sexuelle Dinge eine Gefahr für das menschliche Wohlergehen. Jeder, der sich die Mühe macht, die Frage unvoreingenommen zu untersuchen, kommt zu der Erkenntnis, dass die künstliche Unwissenheit über alles Sexuelle, wie die orthodoxen Christen sie der Jugend aufzuzwingen versuchen, äußerst gefährlich für die geistige und körperliche Gesundheit ist und denen, die ihr Wissen – wie die meisten Kinder – aus »schmutzigen« Reden aufschnappen, das Gefühl vermittelt, Sexualität als solche sei unanständig und lächerlich. Ich glaube nicht, dass es irgendein Argument zur Verteidigung der Ansicht gibt, Wissen könnte jemals unerwünscht sein. Man sollte niemandem in keinem Alter Hindernisse in den Weg stellen, Wissen zu erlangen. Doch im besonderen Fall des Wissens um sexuelle Dinge wiegen die Gründe dafür schwerer als auf den meisten anderen Wissensgebieten. Kluges Handeln ist von einer ahnungslosen Person viel weniger zu erwarten, als von einer aufgeklärten, und es ist grotesk, jungen Menschen ein sündiges Gefühl zu geben, weil sie eine natürliche Neugierde für eine wichtige Sache haben.

Jeder kleine Junge ist an Eisenbahnen interessiert. Angenommen, wir sagten ihm, sein Interesse an Eisenbahnen sei schändlich; angenommen, wir hielten ihm die Augen verbunden, sooft er im Zug oder auf einem Bahnhof wäre; angenommen, wir ließen nicht zu, dass das Wort »Eisenbahn« je in seiner Gegenwart erwähnt würde, und machten ein undurchdringliches Geheimnis aus dem Beförderungsmittel, mit dem er von einem Ort zum anderen gelangt. Das Ergebnis wäre nicht, dass er aufhörte, sich für Eisenbahnen zu interessieren; ganz im Gegenteil, sein Interesse daran wäre stärker denn je, aber mit einem fatalen Gefühl von Sünde belastet, weil man ihm eingeredet hat, dass es ein schändliches Interesse sei. Jeder Junge, der über eine rege Intelligenz verfügt, könnte auf diese Weise mehr oder weniger zum Neurastheniker werden. Genau das geschieht im Bereich der Sexualität, nur mit schlimmeren Folgen, weil Sex interessanter ist als die Eisenbahn. Fast jeder Erwachsene einer christlichen Gemeinde ist infolge des Tabus, mit dem die sexuelle Neugierde in seiner Jugend belegt war, irgendwie nervenkrank. Und das dergleichen künstlich eingepflanzte Sündigkeitsgefühl ist eine der Ursachen von Grausamkeit, Ängstlichkeit und Dummheit im späteren Leben. Es gibt keine rationale Begründung dafür, ein Kind in Unwissenheit über Dinge zu halten, die es wissen möchte, ob über Sexualität oder sonst etwas. Und unsere Bevölkerung wird erst dann gesunden, wenn dies in der frühkindlichen Erziehung berücksichtigt wird, was wiederum unmöglich ist, solange es den Kirchen überlassen bleibt, die Bildungs- und Erziehungspolitik zu beherrschen.

Abgesehen von diesen recht detaillierten Einwänden ist klar, dass die fundamentalen Lehren des Christentums ein großes Maß an ethischen Verdrehungen verlangen, ehe sie angenommen werden können. Die Welt, so wird uns gesagt, wurde von einem Gott erschaffen, der nicht nur gut, sondern auch allmächtig ist. Ehe er die Welt erschuf, konnte er das Leid und Elend, das sie enthalten würde, voll und ganz voraussehen; daher ist er auch voll und ganz dafür verantwortlich. Es ist sinnlos, zu argumentieren, das Leid in der Welt sei der Sünde geschuldet. Erstens stimmt es nicht; nicht die Sünde lässt Flüsse über die Ufer treten oder Vulkane ausbrechen. Und selbst wenn, wäre es egal. Würde ich ein Kind in dem Wissen zeugen, dass es ein vom Wahnsinn getriebener Mörder sein wird, wäre ich für seine Verbrechen verantwortlich. Wenn Gott im Voraus wusste, welcher Sünden der Mensch sich schuldig machen würde, übernahm er selbstverständlich die Verantwortung für alle Folgen dieser Sünden, als er beschloss, den Menschen zu erschaffen. Das übliche christliche Argument besagt, das Leiden in der Welt sei eine Läuterung von Sünden, und deshalb gutzuheißen. Das ist natürlich nur eine Rationalisierung von Sadismus; doch wie auch immer, es ist ein armseliges Argument. Ich lade jeden Christen ein, mich auf die Kinderstation eines Krankenhauses zu begleiten, um mit eigenen Augen zu sehen, was dort an Leiden erduldet wird, und dann noch immer zu behaupten, diese Kinder seien moralisch so haltlos, dass sie es verdient hätten, dermaßen zu leiden. Um das sagen zu können, muss ein Mensch alle Gefühle von Mitleid und Barmherzigkeit in sich zerstören. Mit einem Wort, er muss genauso grausam werden wie der Gott, an den er glaubt. Niemand, der glaubt, alles stehe zum Besten in dieser leidenden Welt, kann seine ethischen Werte unversehrt bewahren, da er ständig Ausreden für Leid und Elend suchen muss.

Einwände gegen die Religion

Es gibt zweierlei Einwände gegen die Religion – intellektuelle und moralische. Intellektuell ist einzuwenden, dass es keinen Grund für die Annahme gibt, irgendeine Religion sei wahr; moralisch ist einzuwenden, dass die religiösen Gebote aus einer Zeit stammen, da die Menschen grausamer waren als heute, und deshalb dazu beitragen, Unmenschlichkeiten aufrechtzuerhalten, über die das moralische Gewissen unserer Zeit sonst hinausgewachsen wäre.

Beginnen wir mit dem intellektuellen Einwand. In unserem praktischen Zeitalter besteht eine gewisse Tendenz zu meinen, es komme nicht so darauf an, ob eine religiöse Lehre wahr ist, wichtig sei vielmehr, ob sie nützlich ist. Die eine Frage kann jedoch kaum ohne die andere entschieden werden. Wenn wir der christlichen Religion glauben, werden unsere Vorstellungen von dem, was gut ist, anders sein, als wenn wir ihr nicht glauben. Darum mögen die Wirkungen des Christentums den Christen gut, den Ungläubigen aber schlecht erscheinen. Darüber hinaus erzeugt die Haltung, man müsse diese oder jene Aussage unabhängig davon glauben, ob es Beweise dafür gibt, eine Feindseligkeit gegenüber Beweisen, und bringt uns dazu, uns jeder Tatsache zu verschließen, die unseren Vorurteilen nicht entspricht.

Eine gewisse Art wissenschaftlicher Offenheit ist eine sehr wichtige Eigenschaft, die kaum vorhanden sein kann, wenn jemand meint, es gebe Dinge, die zu glauben er verpflichtet sei. Wir können deshalb nicht wirklich entscheiden, ob eine Religion Gutes bewirkt, ohne zu hinterfragen, ob sie wahr ist. Für Christen, Muslime und Juden ist die fundamentalste Frage im Zusammenhang mit der Wahrheit einer Religion die Frage nach der Existenz Gottes. In Zeiten der triumphierenden Religion hatte das Wort »Gott« eine klare Bedeutung; doch infolge der Angriffe der Rationalisten wurde diese blasser und blasser, sodass immer schwieriger zu erkennen war, was jemand meinte, wenn er behauptete, er glaube an Gott. Nehmen wir als Beleg Matthew Arnolds Definition: »Eine Macht, die nicht wir selbst sind, und die für Gerechtigkeit sorgt.« Wir könnten das vielleicht noch etwas unbestimmter fassen und uns fragen, ob wir überhaupt Beweise für irgendeinen Zweck im Universum haben, außer dem, Lebewesen auf der Oberfläche dieses Planeten zu sein.

Das übliche Argument religiöser Menschen zu diesem Thema lautet ungefähr so: »Meine Freunde und ich sind mit erstaunlicher Intelligenz und Tugendhaftigkeit begabt. Es ist kaum vorstellbar, dass so viel Intelligenz und Tugendhaftigkeit zufällig über uns gekommen wären. Darum muss es jemanden geben, der mindestens so intelligent und tugendhaft ist wie wir, und die kosmische Maschinerie mit der Absicht in Gang setzte, uns zu erschaffen.« Es tut mir leid, zu sagen, dass ich dieses Argument keineswegs so beeindruckend finde wie jene, die es benutzen. Das Universum ist groß; und doch gibt es, wenn wir Eddington glauben, wahrscheinlich nirgendwo anders im Universum so intelligente Wesen wie uns Menschen. Betrachtet man die Gesamtmenge an Materie in der Welt und vergleicht sie mit der Menge, die sich aus den Körpern intelligenter Wesen zusammensetzt, sieht man, dass letztere in einem fast verschwindenden Verhältnis zur ersten steht. Infolgedessen ist es trotz der höchsten Unwahrscheinlichkeit, dass durch die Zufallsgesetze aus einer beliebigen Auswahl von Atomen ein intelligenzfähiger Organismus erzeugt werden könnte, doch wahrscheinlich, dass es im Universum jene verschwindende Anzahl solcher Organismen gibt, die wir tatsächlich finden. Andererseits scheinen wir, als Krönung eines so unermesslichen Prozesses gedacht, nicht wirklich wunderbar genug zu sein. Mir ist natürlich bewusst, dass viele Geistliche weitaus wunderbarer sind als ich, und dass ich Verdienste, die so hoch über meine eigenen hinausweisen, nicht vollauf würdigen kann. Dennoch, auch mit solchen Abstrichen kann ich nicht umhin zu denken, dass eine in alle Ewigkeit wirkende Allmacht etwas Besseres hätte schaffen können. Im Übrigen müssen wir uns darüber klar werden, dass auch dieses Ergebnis nur eine Eintagsfliege wäre. Die Erde wird nicht immer bewohnbar bleiben; das Menschengeschlecht wird aussterben, und wenn sich das kosmische Geschehen hiernach rechtfertigen soll, wird es das anderswo tun müssen als auf der Oberfläche unseres Planeten. Und selbst dann müsste es früher oder später enden. Der zweite Hauptsatz der Thermodynamik lässt kaum einen Zweifel daran, dass das Universum allmählich verfällt, und dass letztlich nichts, was von Belang wäre, noch irgendwo möglich sein wird. Natürlich steht es uns frei, zu sagen, ehe es dazu komme, werde Gott die Maschinerie wieder aufziehen; aber wenn wir das sagen, können wir unsere Behauptung nur auf den Glauben gründen, nicht auf die geringste Spur wissenschaftlicher Beweise. Soweit die wissenschaftlichen Beweise reichen, hat das Universum es im Kriechtempo über langwierige Stadien zu einem ziemlich armseligen Ergebnis hier auf Erden gebracht und nähert sich im Kriechtempo über noch armseligere Stadien einem Zustand des universellen Todes. Wenn das als Beweis für einen Zweck verstanden werden soll, kann ich nur sagen: Dieser Zweck gefällt mir nicht. Ich sehe daher keinen Grund, an irgendeine Art von Gott zu glauben, wie unbestimmt oder abgeschwächt auch immer. Ich spare mir die alten metaphysischen Argumente, da die Verteidiger der Religion sie höchstselbst außer Kraft gesetzt haben.

Die christliche Hervorhebung der individuellen Seele hat sich tiefgreifend auf die Ethik christlicher Gemeinden ausgewirkt. Es ist eine Lehre, die fundamentale Ähnlichkeit mit der der Stoiker hat, genau wie diese in Gemeinden aufgeblüht, die keine politische Hoffnung mehr hegen konnten. Der natürliche Impuls eines wohlmeinenden, tatkräftigen Menschen besteht in dem Versuch, Gutes zu tun, doch wenn er aller politischen Macht und jeder Möglichkeit beraubt ist, Einfluss auf das Geschehen zu nehmen, wird er von seinem natürlichen Streben abkommen und beschließen, das einzig Wichtige bestehe darin, gut zu sein. So erging es den frühen Christen; es führte zu einem Begriff persönlicher Heiligkeit ganz unabhängig von wohltätigen Werken, da Heiligkeit etwas sein musste, was von Menschen erlangt werden konnte, die keine Handlungsmöglichkeit besaßen. Auf diese Weise wurde die soziale Tugend aus der christlichen Ethik ausgeschlossen. Bis heute halten konventionelle Christen einen Ehebrecher für ruchloser als einen Politiker, der Bestechungsgelder nimmt, obwohl Letzterer vermutlich tausendmal mehr Schaden anrichtet. Der mittelalterliche Tugendbegriff, wie man ihn auf Bildern illustriert sieht, hatte etwas Verwaschenes, Schwaches und Rührseliges. Der tugendhafteste Mensch war der, der sich von der Welt zurückzog; die einzigen Männer der Tat, die für heilig erachtet wurden, waren jene, die das Leben und die Lebensgrundlage ihrer Untertanen im Kampf gegen die Türken verschwendeten, wie Ludwig der Heilige. Die Kirche hätte niemals jemanden wegen einer Reform des Finanzwesens, des Strafgesetzes oder des Rechtssystems für heilig erachtet. Solche bloßen Beiträge zum menschlichen Wohlergehen galten als belanglos. Ich glaube nicht, dass es im gesamten Kalender auch nur einen einzigen Heiligen gibt, dessen Heiligkeit einem Werk von öffentlichem Nutzen zu verdanken wäre. Mit dieser Trennung von sozialer und moralischer Person ging eine zunehmende Trennung von Körper und Seele einher, die in der christlichen Metaphysik ebenso überdauert hat, wie in den von Descartes abgeleiteten Theorien. Allgemein könnte man sagen, dass der Körper den sozialen und öffentlichen Teil eines Menschen repräsentiert, während die Seele für den privaten Anteil steht. Durch die Hervorhebung der Seele ist die christliche Ethik vollkommen individualistisch geworden. Ich glaube, es ist klar, dass die Bilanz all der Jahrhunderte des Christentums darin besteht, die Menschen egoistischer, in sich verschlossener gemacht zu haben, als sie es von Natur aus waren; denn die Impulse, die einen Menschen naturgemäß aus den Mauern seines Ego treiben, sind Sexualität, Elternschaft und Patriotismus oder Herdentrieb. Was die Sexualität betrifft, so hat die Kirche alles in ihrer Macht stehende getan, um sie schlechtzumachen und herabzusetzen; familiäre Zuneigung wurde sowohl von Christus selbst als auch von der Schar seiner Jünger verschrien; und Patriotismus hatte keinen Platz bei den unterdrückten Völkern des Römischen Reichs. Der Polemik gegen die Familie in den Evangelien wurde bisher nicht die verdiente Beachtung geschenkt. Die Kirche behandelt die Mutter Christi mit höchster Ehrfurcht, doch er selbst zeigte wenig von dieser Haltung. »Weib, was habe ich mit dir zu schaffen?« (Joh 2,4), so war seine Art, zu ihr zu sprechen. Er sagte auch, er sei gekommen, den Menschen aufzubringen wider seinen Vater und die Tochter wider ihre Mutter und die Schwiegertochter wider ihre Schwiegermutter, und wer Vater oder Mutter mehr liebe denn ihn, der sei seiner nicht wert (Mt 10,35-37). All das bedeutet eine Zerstörung der biologischen Familienbande um des Glaubens willen – eine Haltung, die viel zu der Intoleranz beitrug, die mit der Verbreitung des Christentums in die Welt gekommen war.

Dieser Individualismus kulminierte in der Lehre von der Unsterblichkeit der individuellen Seele, der im jenseitigen Leben ewige Seligkeit oder, je nach den Umständen, ewige Pein verheißen war. Die Umstände, von denen dieser folgenschwere Unterschied abhing, waren etwas merkwürdig. Starb jemand zum Beispiel unmittelbar nachdem ein Priester ihn mit Wasser besprengt und dabei bestimmte Worte gesprochen hatte, ging er in die ewige Seligkeit ein; während demjenigen, der nach einem langen und tugendhaften Leben ausgerechnet dann vom Blitz erschlagen wurde, als er gerade über einen abgerissenen Schnürsenkel fluchte, die ewige Qual vorbehalten war. Ich sage nicht, der moderne protestantische Christ glaube dies, ja bei angemessener theologischer Unterweisung glaubt es vielleicht nicht einmal der moderne katholische Christ; aber ich sage, dass dies die orthodoxe Lehre ist, an die auch in jüngster Zeit noch felsenfest geglaubt wurde. In Mexiko und Peru haben die Spanier Indianerkinder getauft, um ihnen sofort danach die Schädel einzuschlagen: Dadurch wollten sie sicherstellen, dass die Kinder in den Himmel kamen. Kein orthodoxer Christ kann einen logischen Grund dafür finden, ihr Handeln zu verurteilen, obwohl es heute alle tun. Die Lehre von der persönlichen Unsterblichkeit in ihrer christlichen Form hat sich auf zahllose Weisen verheerend auf die Moral ausgewirkt, und die metaphysische Trennung von Körper und Seele nicht minder verheerend auf die Philosophie.

Quellen der Intoleranz

Die Intoleranz, die sich mit dem Beginn des Christentums über die Welt verbreitete, ist eines seiner seltsamsten Merkmale, das meiner Ansicht nach auf dem jüdischen Glauben an menschliche Gerechtigkeit und die ausschließliche Realität des jüdischen Gottes beruht. Warum die Juden diese Eigenheiten aufwiesen, weiß ich nicht. Sie scheinen sich während der Gefangenschaft als Reaktion auf den Versuch entwickelt zu haben, das jüdische Volk fremden Bevölkerungen einzuverleiben. Wie dem auch sei, die Juden und insbesondere die Propheten erfanden sowohl die Hervorhebung der persönlichen Gerechtigkeit als auch die Idee, es sei gottlos, eine andere Religion zu dulden außer einer. Beides hat sich mit katastrophalen Folgen auf die abendländische Geschichte ausgewirkt. Die Kirche hat viel Aufhebens um die Christenverfolgungen durch den römischen Staat vor der Zeit Konstantins gemacht. Diese Verfolgungen jedoch hielten sich in Grenzen, es gab Atempausen und sie waren rein politisch motiviert. Zu allen Zeiten, von der Herrschaft Konstantins bis zum Ende des 17. Jahrhunderts, wurden Christen von anderen Christen weitaus grimmiger verfolgt, als jemals von den römischen Kaisern. Vor dem Aufstieg des Christentums hatte es eine solche Verfolgungsmentalität in der Antike nie gegeben, es sei denn unter Juden. Liest man zum Beispiel Herodot, so findet man einen offenen und toleranten Bericht über die Gewohnheiten fremder Völker, die er besucht hatte. Sicher, gelegentlich mag er sich entsetzt über eine besonders barbarische Sitte äußern, aber im Allgemeinen steht er fremden Göttern und fremden Sitten wohlwollend gegenüber. Er trachtet nicht danach zu beweisen, dass jene, die Zeus bei einem anderen Namen nennen, zur ewigen Verdammnis verurteilt seien und getötet werden müssten, auf dass ihre Strafe so bald als möglich beginne. Diese Einstellung blieb den Christen vorbehalten. Gewiss, der moderne Christ ist weniger hart, aber das verdanken wir nicht dem Christentum, sondern Generationen von Freidenkern, die seit der Renaissance nicht abgelassen haben, die Christen wegen so vieler ihrer traditionellen Glaubenshaltungen an den Pranger zu stellen. Es ist schon komisch, den modernen Christen erzählen zu hören, wie milde und rational das Christentum doch sei, ohne sich darum zu scheren, dass alles, was es an Milde und Rationalismus gewonnen hat, auf den Lehren jener Männer beruht, die zu ihrer Zeit von allen orthodoxen Christen verfolgt wurden. Heute glaubt niemand mehr, dass die Welt im Jahr 4004 vor Christi Geburt erschaffen wurde; aber es ist noch nicht sehr lange her, da wurde jeder Zweifel daran für ein abscheuliches Verbrechen gehalten. Mein Ururgroßvater hatte aus der Tiefe der Lava, die er an den Hängen des Ätna beobachten konnte, den Schluss gezogen, dass die Welt älter sein müsse, als die Orthodoxen annahmen, und seine Meinung in einem Buch veröffentlicht. Für diese Missetat wurde er in der Grafschaft geschnitten und aus der Gesellschaft ausgeschlossen. Wäre er ein Mann geringerer Herkunft gewesen, wäre seine Strafe sicher härter ausgefallen. Es ist nicht das Verdienst der Orthodoxen, dass sie heute nicht all die Absurditäten von vor hundertfünfzig Jahren glauben. Die allmähliche Aufweichung der christlichen Lehre geschah gegen erbitterten Widerstand von innen, und nur infolge der freidenkerischen Angriffe.

Die Lehre vom freien Willen

Die Einstellung der Christen zur Naturgesetzlichkeit war seltsam wankelmütig und unsicher. Auf der einen Seite gab es die Lehre vom freien Willen, der die große Mehrheit der Christen anhing; und diese Lehre setzte voraus, dass zumindest das menschliche Handeln keinen Naturgesetzen unterworfen sei. Auf der anderen Seite gab es, vor allem im 18. und 19. Jahrhundert, einen Glauben an Gott als Gesetzgeber und an die Naturgesetze als einen der Hauptbeweise für die Existenz eines Schöpfers. In jüngster Zeit hat der Widerspruch gegen die Herrschaft des Gesetzes zugunsten des freien Willens begonnen, sich stärker durchzusetzen als der Glaube, die Naturgesetze lieferten den Beweis für einen Gesetzgeber. Die Materialisten haben die physikalischen Gesetze benutzt, um zu zeigen – oder es wenigstens zu versuchen –, dass die Bewegungen menschlicher Körper mechanisch determiniert seien, und dass infolgedessen alles, was wir sagen, ebenso wie jede Veränderung unserer Körperhaltung, außerhalb des Einflussbereichs eines möglichen freien Willens liege. Wenn dem so wäre, bliebe von unserer uneingeschränkten Willensäußerung nicht viel übrig. Wenn die körperlichen Bewegungen, derer es bedarf, damit jemand ein Gedicht schreibt oder einen Mord begeht, allein auf physikalischen Ursachen beruhten, wäre es absurd, dem einen ein Denkmal zu setzen und den anderen zu hängen. Vielleicht könnte es in gewissen metaphysischen Systemen noch eine Region des reinen Denkens mit einem freien Willen geben; da dies aber nur mithilfe körperlicher Bewegung kommunizierbar wäre, könnte das Reich der Willensfreiheit nie ein Gesprächsgegenstand werden und nie die geringste soziale Bedeutung erlangen.

Andererseits hatte die Entwicklungslehre einen erheblichen Einfluss auf diejenigen Christen, die bereit waren, sie zu akzeptieren. Sie erkannten, dass es nicht genügte, für den Menschen Behauptungen aufzustellen, die vollkommen verschieden von dem waren, was für andere Lebensformen gelten sollte. Deshalb haben sie, um dem Menschen einen freien Willen zu sichern, jeglichen Versuch abgewehrt, das Verhalten lebender Materie durch physikalische und chemische Gesetze zu erklären. Die Position von Descartes, alle niederen Tiere seien Automaten, findet bei liberalen Theologen keinen Anklang mehr. Die Lehre von der Kontinuität legt ihnen eher nahe, noch einen Schritt weiter zu gehen und zu behaupten, auch die sogenannte tote Materie werde in ihrem Verhalten nicht ausschließlich von unveränderlichen Gesetzen bestimmt. Dabei scheinen sie übersehen zu haben, dass man mit der Abschaffung der Herrschaft des Gesetzes zugleich die Möglichkeit von Wundern abschafft, da Wunder Taten Gottes sind, die den Gesetzmäßigkeiten gewöhnlicher Phänomene widersprechen. Ich kann mir jedoch vorstellen, dass der moderne liberale Theologe fähig wäre, mit einer Miene tiefgründiger Erkenntnis zu behaupten, die ganze Schöpfung sei wundersam, deshalb habe er es gar nicht nötig, sich auf bestimmte Ereignisse als besonderen Beweis für göttliches Eingreifen zu berufen.

Unter dem Eindruck dieser Reaktion wider das Naturgesetz haben sich manche Fürstreiter des Christentums der jüngsten Atomtheorie bemächtigt, der zufolge die physikalischen Gesetze, an die wir bisher glaubten, nur annähernd und durchschnittlich in Anwendung auf große Mengen von Atomen zutreffen, während sich das einzelne Elektron ziemlich willkürlich verhält. Ich persönlich halte das für eine Übergangsphase und bin überzeugt, dass die Physiker im Lauf der Zeit für die kleinsten Teilchen Gesetze entdecken werden, wenngleich sich die neuen Gesetze stark von denen der herkömmlichen Physik unterscheiden mögen. Wie dem auch sei, ist hier wohl die Bemerkung angebracht, dass die modernen Theorien über kleinste Teilchen nicht den geringsten Einfluss auf irgendetwas haben, was von praktischer Bedeutung wäre. An sichtbaren Bewegungen, ja an allen Bewegungen, die für irgendjemanden irgendetwas ausmachen könnten, sind so große Mengen von Atomen beteiligt, dass sie allemal im Rahmen dessen liegen, was die alten Gesetze abdecken. Um ein Gedicht zu schreiben oder einen Mord zu begehen (um auf unser Beispiel zurückzukommen), muss eine beträchtliche Masse an Tinte oder

Blei bewegt werden. Die Elektronen, aus denen die Tinte besteht, mögen in ihrem kleinen Ballsaal frei herumtanzen, aber der Ballsaal als Ganzes bewegt sich nach den alten Gesetzen der Physik, und das allein ist es, was den Dichter und seinen Verleger interessiert. Die neuen Theorien haben keinerlei nennenswerte Auswirkung auf die den Menschen betreffenden Probleme, mit denen sich der Theologe befasst.

Die Frage der Willensfreiheit tritt insofern auf der Stelle. Was auch immer als Frage der höchsten Metaphysik darüber gedacht werden mag, so ist doch ziemlich klar, dass in der Praxis niemand daran glaubt. Alle haben immer geglaubt, dass Charakterbildung möglich ist; alle haben immer gewusst, dass Alkohol oder Opium eine Auswirkung auf das Verhalten haben. Die Apostel des freien Willens behaupten, ein Mensch könne durch Willenskraft vermeiden, sich zu betrinken, aber sie behaupten nicht, einmal betrunken, könne er ebenso klar »British constitution« sagen, wie wenn er nüchtern sei. Und wer je mit Kindern zu tun hatte, weiß, dass eine befriedigende Kost mehr zu ihrer Sittsamkeit beiträgt als die eloquenteste Predigt der Welt. Die einzige Wirkung, die die Lehre vom freien Willen in der Praxis erzielt, besteht darin, zu verhindern, dass die Menschen aus solchem Allgemeinwissen einen rationalen Schluss ziehen. Wenn jemand so handelt, dass es uns stört, halten wir ihn am liebsten für bösartig und lehnen es ab, uns der Tatsache zu stellen, dass sein störendes Verhalten ein Ergebnis früherer Ursachen ist, die, wenn wir sie weit genug zurückverfolgen, noch vor dem Zeitpunkt seiner Geburt liegen, in Ereignissen, für die er nicht im Traum verantwortlich gemacht werden könnte.

Niemand behandelt ein Auto so blödsinnig wie einen anderen Menschen. Wenn das Auto nicht fährt, schreibt er dessen ärgerliches Verhalten nicht der Sünde zu. Er sagt nicht: »Du bist ein böses Auto, und ich werde dir so lange keinen Sprit mehr geben, bis du wieder fährst.« Sondern er versucht herauszufinden, woran es liegt, und es in Ordnung zu bringen. Eine entsprechende Art und Weise, Menschen zu behandeln, gilt jedoch als Widerspruch zu den Wahrheiten unserer heiligen Religion. Und das sogar in Bezug auf die Behandlung kleiner Kinder. Viele Kinder haben schlechte Gewohnheiten, die sich durch Strafen zunehmend verfestigen, wahrscheinlich aber von selbst verschwänden, wenn man sie unbeachtet ließe. Bis auf sehr wenige Ausnahmen halten Kindermädchen es dennoch für richtig, Strafen zu verhängen, obwohl sie damit das Risiko eingehen, geistige Störungen auszulösen. Und wenn eine solche Störung eingetreten ist, wird sie vor Gericht als Beweis für die Schädlichkeit der Gewohnheit, nicht der Strafe angeführt. (Ich beziehe mich auf eine kürzlich erfolgte Anklage wegen Unsittlichkeit im Staat New York.)

Reformen im Erziehungswesen haben sich zu einem großen Teil aus Studien über Geisteskranke und Schwachsinnige ergeben, weil diese moralisch nicht für ihr Versagen verantwortlich gemacht und deshalb wissenschaftlicher behandelt wurden als normale Kinder. Noch vor gar nicht langer Zeit war man der Ansicht, die beste Kur für einen Jungen, der nicht fähig war, sein Pensum zu lernen, sei eine Tracht Prügel oder Stockhiebe. Im Umgang mit Kindern ist diese Ansicht beinahe ausgestorben, aber sie überlebt in der Strafjustiz. Es ist klar, dass ein Mensch, der zu Verbrechen neigt, an Taten gehindert werden muss, aber das gilt auch für jemanden, der die Tollwut hat und andere beißen will, obwohl niemand ihn moralisch dafür verantwortlich machen würde. Jemand, der an der Pest leidet, muss eingesperrt werden, bis er geheilt ist, obwohl niemand ihm Bösartigkeit unterstellt. Das Gleiche sollte mit einem Menschen geschehen, der an einer Neigung zum Fälschen leidet; den Gedanken der Schuld aber sollte es in diesem Fall ebenso wenig geben wie in jenem. Das alles ist nichts als gesunder Menschenverstand, jedoch in einer Form, die von der christlichen Ethik und Metaphysik zurückgewiesen wird.

Um den moralischen Einfluss einer Institution auf eine Gemeinschaft zu beurteilen, müssen wir bedenken, was die jeweilige Institution verkörpert, welche Art von Impuls sie einschließt, und in welchem Maße sie dessen Wirkung in der betreffenden Gemeinschaft verstärkt. In manchen Fällen ist ganz offensichtlich, worin der Impuls besteht, in anderen bleibt es eher verborgen. Ein Alpenverein zum Beispiel verkörpert offensichtlich Abenteuerlust, und eine gelehrte Gesellschaft steht für Wissensdrang. Die Familie als Institution verkörpert Eifersucht und Elterngefühle; ein Fußballverein oder eine politische Partei appellieren an die Lust zum Wettkampf; die beiden großen gesellschaftlichen Institutionen hingegen – namentlich die Kirche und der Staat – sind komplexer, was ihre psychologische Motivation anbelangt. Das erste Ziel des Staates ist eindeutig der Schutz, sowohl vor Verbrechern im Inneren, als auch vor äußeren Feinden. Es entspringt dem Bedürfnis von Kindern, sich zusammenzudrängen, wenn sie sich fürchten, und Ausschau nach einem Erwachsenen zu halten, der ihnen ein Gefühl von Sicherheit verschafft. Die Ursprünge der Kirche sind schwerer zu durchschauen. Zweifellos ist Angst die wichtigste Quelle der Religion; das sieht man bis heute, da alles, was Schrecken auslöst, geeignet ist, die Gedanken der Menschen auf Gott zu lenken. Ob Krieg, Pest oder Schiffbruch, alles erhöht die menschliche Bereitschaft, religiös zu werden. Die Religion verfügt jedoch über andere Anziehungskräfte als den Schrecken; sie reizt insbesondere unser menschliches Selbstwertgefühl. Wenn das Christentum die Wahrheit verkündet, sind die Menschen nicht so armselige Würmer, wie es scheint; sie interessieren den Schöpfer der Welt, der sich die Mühe macht, sich an ihnen zu freuen, wenn sie folgsam sind, und ihnen zu zürnen, wenn sie böse sind. Das ist ein großes Kompliment. Wir würden einen Ameisenhaufen nicht untersuchen, um herauszufinden, welche Tiere ihre Pflichten eifrig erfüllt haben, und wir würden es bestimmt nicht tun, um jede säumige Ameise einzeln herauszupicken und ins Feuer zu werfen. Wenn Gott solches für uns tut, erkennt er unsere Bedeutung an, und noch schöner ist es, wenn er die Guten unter uns mit ewiger Glückseligkeit im Himmel belohnt. Dann gibt es noch die relativ moderne Idee, die kosmische Entwicklung sei in ihrer ganzen Anlage auf Ergebnisse ausgerichtet, die wir als gut bezeichnen – das heißt Ergebnisse, die uns Freude bereiten. Auch hier ist es eine schmeichelhafte Annahme, das Universum werde von einem Wesen gelenkt, das unsere Vorlieben und Vorurteile teilt.

Die Idee der menschlichen Gerechtigkeit

Der dritte psychologische Impuls, den die Religion mit einschließt, ist jener, der zum Begriff menschlicher Gerechtigkeit geführt hat. Mir ist bewusst, dass viele Freidenker diesen Begriff mit großem Respekt behandeln und der Meinung sind, er solle trotz des Verfalls der dogmatischen Religion bewahrt werden. In diesem Punkt kann ich ihnen nicht zustimmen. Wie mir scheint, macht eine psychologische Analyse der Gerechtigkeitsidee deutlich, dass sie auf unerwünschten Leidenschaften beruht und durch den Segen der Vernunft nicht gestärkt werden sollte. Gerechtigkeit und Ungerechtigkeit gehören zusammen; es ist unmöglich, das eine ohne das andere zu betonen. Was aber bedeutet »Ungerechtigkeit« in der Praxis? In der Praxis ist es ein Verhalten, das der Herde missfällt. Indem es als ungerecht bezeichnet und ein ausgeklügeltes ethisches System um diesen Begriff errichtet wird, liefert es der Herde eine Rechtfertigung dafür, die missliebigen Objekte mit Strafen zu überziehen, während es zugleich, da die Herde per definitionem gerecht ist, deren Selbstwertgefühl in dem Moment steigert, in dem sie ihrem Impuls zur Grausamkeit freien Lauf lässt. Das entspricht der Psychologie des Lynchens und anderer Methoden, Verbrecher zu bestrafen. Das Wesen des Begriffs der menschlichen Gerechtigkeit besteht also darin, ein Ventil für Sadismus zu schaffen, indem er Grausamkeit als Recht maskiert.

Aber, wird man mir entgegenhalten, diese Darstellung von Gerechtigkeit trifft in keiner Weise auf die hebräischen Propheten zu, die schließlich, wie Sie selber sagen, die

Idee erfunden haben. Daran ist tatsächlich etwas Wahres: Im Munde der Propheten bedeutete Gerechtigkeit das, was von ihnen und von Jahwe gutgeheißen wurde. Die gleiche Einstellung finden wir in der Apostelgeschichte, der zufolge die Apostel eine Verkündigung mit den Worten begannen: »Denn es gefällt dem heiligen Geiste und uns« (Apo 15,28). Diese Art der individuellen Gewissheit über Gottes Gefallen und Meinungen kann jedoch nicht zur Grundlage einer Institution gemacht werden. Für den Protestantismus war das immer eine Schwierigkeit, mit der er zu kämpfen hatte: Jeder neue Prophet konnte behaupten, seine Offenbarung sei authentischer als die seiner Vorgänger, und die allgemeine Lehre des Protestantismus enthielt nichts, um einen derartigen Anspruch für nichtig zu erklären. Infolgedessen zersplitterte der Protestantismus in zahllose Sekten, die sich gegenseitig schwächen; und es ist nicht unbegründet, anzunehmen, dass der Katholizismus in hundert Jahren der einzig erfolgreiche Repräsentant des christlichen Glaubens sein wird. In der katholischen Kirche hat die Eingebung, von der sich die Propheten inspirieren ließen, ihren Platz; aber es wird eingeräumt, dass Phänomene, die allem Anschein nach genuin göttliche Eingebungen sind, Teufelswerk sein können, und es ist Sache der Kirche, die Unterscheidung zu treffen, genau wie es Sache des Kunstkenners ist, einen echten Leonardo von einer Fälschung zu unterscheiden. Auf diese Weise wird die Offenbarung zugleich institutionalisiert. Gerecht ist, was die Kirche gutheißt, und ungerecht ist, was sie verwirft. Somit liefert der wirksame Teil des Begriffs der irdischen Gerechtigkeit eine Rechtfertigung für die Antipathie der Herde.

So scheint es also, dass die drei menschlichen Impulse, die sich in der Religion wiederfinden, Angst, Selbstgefälligkeit und Hass sind. Man könnte sagen, der Zweck der Religion bestehe darin, diesen Leidenschaften einen Anstrich von Ehrbarkeit zu verleihen, vorausgesetzt, dass sie sich in bestimmte Bahnen lenken lassen. Und weil es Leidenschaften sind, die in der Summe nur dazu beitragen, das Elend auf der Welt zu mehren, ist die Religion eine Kraft des Bösen, denn sie erlaubt den Menschen, ihnen hemmungslos nachzugeben, während sie ihre Triebe ohne den Segen der Religion wohl zumindest in gewissem Maß beherrschen würden.

Hier kann ich mir einen Einwand vorstellen, der von den meisten Strenggläubigen wahrscheinlich gar nicht vorgebracht würde, den es aber trotzdem zu prüfen lohnt. Hass und Angst, könnte gesagt werden, seien wesentliche menschliche Eigenschaften; die Menschheit habe immer Hass und Angst empfunden und so werde es auch bleiben. Das Beste, was damit zu machen sei, könnte man mir sagen, bestehe darin, sie dorthin zu lenken, wo sie weniger Schaden anrichten. Ein christlicher Theologe würde vielleicht sagen, die Kirche verfahre damit genauso wie mit dem Sexualtrieb, den sie verurteilt. Sie versucht, die Fleischeslust unschädlich zu machen, indem sie sie auf das Ehebündnis beschränkt. Folglich könnte man sagen, wenn die Menschheit unvermeidlich Hass empfinden müsse, sei es besser, ihn gegen diejenigen zu richten, die wirklich schädlich sind, und genau das tue die Kirche durch ihren Begriff von menschlicher Gerechtigkeit.

Auf dieses Argument gibt es zwei Antworten – eine vergleichsweise oberflächliche; und eine andere, die der

Sache auf den Grund geht. Die oberflächliche lautet, der kirchliche Gerechtigkeitsbegriff sei nicht der bestmögliche; die tiefergehende läuft darauf hinaus, dass Hass und Angst mit unserem heutigen psychologischen Wissen und unserer heutigen industriellen Technik ganz aus dem menschlichen Leben beseitigt werden könnten.

Beginnen wir mit dem ersten Punkt. Der kirchliche Begriff menschlicher Gerechtigkeit ist aus mehreren Gründen gesellschaftlich nicht wünschenswert – vor allem wegen seiner Geringschätzung von Intelligenz und Wissenschaft. Dieser Mangel geht auf die Evangelien zurück. Christus sagt, wir sollten werden wie die Kinder, aber Kinder können die Differenzialrechnung ebenso wenig verstehen wie die Prinzipien des Geldumlaufs oder die modernen Methoden der Krankheitsbekämpfung. Solches Wissen zu erlangen, gehört der Kirche zufolge nicht zu unseren Pflichten. Sie behauptet zwar nicht mehr, Wissen als solches sei sündig, wie sie es in ihren glorreichen Zeiten tat. Aber wenn auch nicht sündig, ist das Erlangen von Wissen doch gefährlich, da es zu intellektueller Überheblichkeit und somit zu einer Hinterfragung der christlichen Lehre führen kann. Nehmen wir als Beispiel zwei Männer, von denen einer ein ganzes Tropengebiet vom Gelbfieber befreit hat, im Lauf seiner Arbeit jedoch gelegentlich Beziehungen zu Frauen unterhielt, mit denen er nicht verheiratet war; der andere dagegen lebte faul und träge dahin, zeugte jedes Jahr ein Kind, bis seine Frau vor Erschöpfung starb, und kümmerte sich so wenig um seine Kinder, dass die Hälfte von ihnen durch vermeidbare Ursachen zu Tode kam, ließ sich aber nie zu unerlaubtem Geschlechtsverkehr hinreißen. Jeder gute Christ muss die Auffassung vertreten, dieser zweite Mann sei tugendhafter als der erste. Das ist natürlich abergläubisch und gegen alle Vernunft. Doch derartige Absurditäten sind unvermeidlich, solange die Vermeidung von Sünde für wichtiger gehalten wird als jeder aktiv erworbene Verdienst, und solange die Bedeutung des Wissens als hilfreiches Mittel für ein nützliches Leben nicht anerkannt wird.

Der zweite und fundamentalere Einwand gegen die von der Kirche praktizierte Art, Angst und Hass zu benutzen, ist der, dass es heute möglich wäre, die menschliche Natur durch erzieherische, ökonomische und politische Reformen fast vollständig von solchen Gefühlen zu befreien. Reformen im Erziehungswesen müssten die notwendige Grundlage dafür schaffen, denn Menschen, die Hass und Angst empfinden, werden diese ihre Gefühle auch bewundern und bestrebt sein, sie zu bewahren, obwohl wahrscheinlich eher unbewusst, wie es bei normalen Christen der Fall sein dürfte. Eine auf Angstfreiheit ausgerichtete Erziehung ist nicht schwierig zu gestalten. Man muss ein Kind nur freundlich behandeln, ihm eine Umgebung bieten, in der es ohne desaströse Folgen Initiative entwickeln kann, und es vor dem Kontakt mit Erwachsenen bewahren, die selbst panische Ängste haben – ob vor der Dunkelheit, vor Mäusen oder vor gesellschaftlicher Revolution. Ein Kind darf auch keinen schweren Strafen, Drohungen oder ernsten und übertriebenen Zurechtweisungen ausgesetzt werden. Es vor Hassgefühlen zu schützen, erfordert schon viel mehr Feingefühl. Situationen, die Eifersucht erregen, müssen durch genaues Augenmaß etwa in der Gleichbehandlung mehrerer Kinder sorgfältig vermieden werden. Ein Kind muss zumindest von einigen Erwachsenen, mit denen es zu tun hat, warmherzige Zuneigung erfahren, und es darf nicht in seinen natürlichen Aktivitäten und Neugierden behindert werden, es sei denn, sein Leben oder die Gesundheit wären in Gefahr. Insbesondere darf es kein Tabu sein, etwas über Sexualität zu erfahren, oder über Dinge zu sprechen, die konventionelle Zeitgenossen für unanständig halten. Wenn man diese einfachen Richtlinien von Anfang an befolgt, wird das Kind furchtlos und freundlich sein.

Beim Eintritt in das Erwachsenenleben jedoch wird sich ein so erzogener junger Mensch in eine Welt voller Ungerechtigkeit, voller Grausamkeit, voller vermeidbarem Elend geworfen fühlen. Die Ungerechtigkeit, die Grausamkeit und das Elend unserer modernen Welt sind ein Erbe der Vergangenheit, und ihre letzte Ursache ist ökonomischer Natur, weil der Kampf auf Leben und Tod um die Sicherung der Existenzmittel in früheren Zeiten unvermeidlich war. Heute ist er nicht mehr unvermeidlich. Mithilfe der gegenwärtigen industriellen Technik können wir, wenn wir wollen, ein erträgliches Dasein für alle schaffen. Wir könnten auch dafür sorgen, dass die Weltbevölkerung auf dem Stand ihres bereits erreichten Wachstums bliebe, würden wir nicht durch den politischen Einfluss der Kirchen, die Krieg, Pest und Hunger der Schwangerschaftsverhütung vorziehen, daran gehindert. Das Wissen, das uns erlauben könnte, einen Zustand allgemeiner Zufriedenheit zu schaffen, ist vorhanden; das Haupthindernis, es für diesen Zweck einzusetzen, besteht in der Religionslehre. Die Religion hindert unsere Kinder, eine vernünftige Erziehung zu bekommen; die Religion hindert uns daran, die grundlegenden Ursachen des Krieges zu beseitigen; die Religion hindert uns daran, statt der grimmigen alten Lehren von Sünde und Strafe eine Ethik wissenschaftlicher Zusammenarbeit zu lehren. Es kann sein, dass die Menschheit an der Schwelle eines goldenen Zeitalters steht; aber wenn dem so ist, muss zuerst der Drache getötet werden, der das Tor bewacht, und dieser Drache ist die Religion.

III
Überleben wir den Tod?

Dieser Beitrag wurde zuerst 1936 in einem Buch mit dem Titel Mysteries of Life and Death *veröffentlicht, zusammen mit dem Artikel von Bischof Barnes, auf den Russell sich bezieht.*

Bevor wir die Frage, ob wir nach dem Tod weiter existieren, sinnvoll diskutieren können, sollten wir uns Klarheit darüber verschaffen, inwieweit ein Mensch heute dieselbe Person ist, die er gestern war. Die Philosophen haben gewöhnlich angenommen, es gebe bestimmte Substanzen, Körper und Seele, die von Tag zu Tag fortbestünden; und die einmal erschaffene Seele existiere in alle Ewigkeit, während der Körper vom Tod bis zur Auferstehung des Leibes vorübergehend aufhöre zu existieren.

Der Teil dieser Lehre, der sich auf das gegenwärtige Leben bezieht, ist ziemlich sicher falsch. Die Materie des Körpers ist durch den Prozess der Nahrungsaufnahme und den der Ausscheidung in ständiger Veränderung begriffen. Selbst wenn das nicht der Fall wäre, geht man in der Physik nicht mehr davon aus, dass Atome kontinuierlich fortbestünden. Es ergibt keinen Sinn, zu sagen: Dieses Atom ist dasselbe wie das, das es vor ein paar Minuten gab. Die Kontinuität des menschlichen Körpers ist eine

Sache der Erscheinung und des Verhaltens, nicht der Substanz.

Das Gleiche gilt für den Geist. Wir denken, fühlen und handeln, doch über die Gedanken, Gefühle und Handlungen hinaus gibt es keine feste Einheit, ob Geist oder Seele, die diese Ereignisse tätigt oder erfährt. Die mentale Kontinuität einer Person ist eine Kontinuität von Gewohnheit und Erinnerung: Gestern gab es eine Person, deren Gefühle ich erinnern kann, und ich betrachte diese Person als mich von gestern; aber tatsächlich bestand dieses Ich von gestern nur aus bestimmten mentalen Ereignissen, die jetzt erinnert und als Bestandteil der Person, die sie in Erinnerung ruft, betrachtet werden. Alles, was eine Person ausmacht, besteht in einer Serie von Erfahrungen, die sowohl durch die Erinnerung, als auch durch gewisse Ähnlichkeiten von der Art, die wir Gewohnheit nennen, miteinander verknüpft sind.

Wenn wir also glauben sollen, dass eine Person den Tod überlebt, müssen wir glauben, dass die Erinnerungen und Gewohnheiten, welche die Person konstituieren, nach dem Tod weiterhin in einer neuen Reihe von Ereignissen zum Ausdruck gebracht werden.

Niemand kann beweisen, dass dies nicht geschehen wird. Aber man kann leicht sehen, dass es sehr unwahrscheinlich ist. Unsere Erinnerungen und Gewohnheiten sind mit der Struktur des Gehirns verbunden, ganz ähnlich wie ein Fluss mit seinem Bett. Das Wasser im Fluss verändert sich ständig, aber es folgt immer demselben Lauf, weil frühere Regenfälle eine Spur geschaffen haben. Auf ähnliche Weise haben frühere Ereignisse eine Spur im Gehirn geschaffen, und unsere Gedanken fließen in dieser Spur. Darauf beruhen Erinnerung und mentale Gewohnheiten. Das Gehirn als Struktur aber löst sich im Augenblick des Todes auf, und so ist wohl zu erwarten, dass sich auch die Erinnerung auflöst. Es gibt ebenso wenig Grund, etwas anderes anzunehmen, wie es Grund für die Erwartung gibt, ein Fluss werde seinem alten Lauf folgen, nachdem ein Erdbeben dort, wo ein Tal gewesen war, einen Berg aufgeworfen hat.

Jede Erinnerung, und folglich (so könnte man sagen) jeder Geist, hängt von einer Eigenschaft ab, die in manchen materiellen Strukturen sehr auffällig, in anderen jedoch, wenn überhaupt, kaum wahrnehmbar ist. Gemeint ist die Fähigkeit, aus häufig auftretenden gleichartigen Ereignissen Gewohnheiten zu bilden. Um ein Beispiel zu nennen: Bei grellem Lichteinfall verengen sich unsere Pupillen; wenn man jemandem wiederholt mit einem Lichtstrahl in die Augen blitzt und im selben Moment einen Gong schlägt, wird am Ende der Gong allein zur Verengung der Pupillen führen. Dieser Sachverhalt bezieht sich auf das Gehirn und das Nervensystem, das heißt, auf eine bestimmte materielle Struktur. Man wird herausfinden, dass ganz ähnliche Sachverhalte unsere Reaktion auf Sprache und unseren Sprachgebrauch, unsere Erinnerungen und die dadurch geweckten Gefühle, unsere moralischen oder unmoralischen Verhaltensgewohnheiten, ja in der Tat alles erklären, was unsere mentale Persönlichkeit ausmacht, bis auf jenen Teil, der erblich determiniert ist. Der durch Erbanlagen determinierte Teil wird an unsere Nachkommen weitergegeben, kann aber nicht im Individuum die Auflösung des Körpers überleben. Soweit unsere Erfahrung reicht, sind also sowohl der erbliche als auch der erworbene Teil einer Persönlichkeit an die Eigenschaften bestimmter körperlicher Strukturen gebunden. Wir alle wissen, dass die Erinnerung durch eine Hirnverletzung gelöscht werden kann, dass ein tugendhafter Mensch durch Encephalitis lethargica lasterhaft werden, und ein kluges Kind durch Jodmangel verblöden kann. Angesichts solch vertrauter Tatsachen dürfte es kaum wahrscheinlich sein, dass der Geist die völlige Zerstörung der Hirnstruktur beim Eintreten des Todes überlebt.

Es sind keine rationalen Argumente, sondern Gefühle, die den Glauben an ein zukünftiges Leben begründen.

Das wichtigste dieser Gefühle ist die Angst vor dem Tod, eine Angst, die instinktiv und biologisch nützlich ist. Wenn wir wirklich und von ganzem Herzen an das zukünftige Leben glaubten, würden wir vollends aufhören, den Tod zu fürchten. Das hätte seltsame Wirkungen, und wahrscheinlich solche, die die meisten von uns beklagen würden. Aber unsere menschlichen und unmenschlichen Vorfahren haben ihre Feinde viele geologische Zeitalter hindurch bekämpft und ausgerottet, und Mut hat ihnen genützt; es ist daher ein Vorteil für die Sieger im Überlebenskampf, in der Lage zu sein, die natürliche Todesangst gelegentlich zu überwinden. Bei Tieren und Wilden genügt dafür die instinktive Kampfeslust; doch ab einem gewissen Entwicklungsstadium hat der Glaube ans Paradies, wie es zuerst die Muslime bewiesen haben, einen beträchtlichen militärischen Wert, da er den natürlichen Kampfgeist stärkt. Wir sollten deshalb anerkennen, dass Militaristen klug daran tun, den Glauben an Unsterblichkeit zu fördern, immer vorausgesetzt, es wird nicht ein so tiefer Glaube, dass er zu Gleichgültigkeit gegenüber den Dingen dieser Welt führt.

Ein anderes Gefühl, das den Glauben an ein Weiterleben fördert, ist Bewunderung für die Vortrefflichkeit des Menschen. Wie der Bischof von Birmingham sagt: »Sein Geist ist ein weitaus feineres Werkzeug als alles, was es je gegeben hat … er kann Gut und Böse unterscheiden. Er kann Westminster Abbey bauen. Er kann ein Flugzeug konstruieren. Er kann die Entfernung der Sonne berechnen … Soll denn der Mensch beim Tod völlig zugrunde gehen? Verschwindet sein Geist, dieses unvergleichliche Werkzeug, wenn das Leben endet?«

Der Bischof argumentiert weiter, dass »das Universum zu einem intelligenten Zweck geplant wurde und regiert wird«, und dass es unintelligent gewesen wäre, den Menschen, nachdem er einmal geschaffen war, wieder zugrunde gehen zu lassen.

Darauf gibt es viele Antworten. Vor allem hat sich bei der wissenschaftlichen Erforschung der Natur gezeigt, dass das Eindringen moralischer oder ästhetischer Werte immer ein Hindernis für Entdeckungen war. Früher dachte man, die Himmelskörper müssten sich in Kreisen bewegen, weil der Kreis die vollkommenste Kurve sei; man glaubte, Arten seien unveränderlich, weil Gott nur Vollkommenes erschaffe und sie daher keiner Verbesserung bedürften, oder es sei zwecklos, Seuchen anders zu bekämpfen denn durch Buße, weil sie zur Strafe für Sünden geschickt würden, und so weiter. Nach allem, was wir entdecken konnten, hat sich jedoch gezeigt, dass unsere Werte der Natur gleichgültig sind und sie nur zu verstehen ist, wenn unsere Vorstellungen von Gut und Böse außer Acht gelassen werden. Das Universum mag einen Zweck haben, aber nichts von dem, was wir wissen, deutet darauf hin, dass dieser Zweck, wenn es ihn denn geben sollte, die geringste Ähnlichkeit mit unserem hat.

Das ist auch nicht verwunderlich. Dr. Barnes sagt uns, der Mensch könne Gut und Böse unterscheiden. Aber tatsächlich, das lehrt uns die Anthropologie, haben sich so vielfältige Ansichten über Gut und Böse herausgebildet, dass kein einziger Standpunkt von Dauer war. Wir können daher nicht sagen, der Mensch könne Gut und Böse unterscheiden, sondern nur, dass bestimmte Menschen es können. Welche Menschen? Nietzsche vertrat eine Ethik, die grundverschieden von der Christi war, und einige mächtige Regierungen habe seine Lehre übernommen. Wenn die Fähigkeit, Gut und Böse zu unterscheiden, als Argument für Unsterblichkeit gelten soll, müssen wir zuerst klarstellen, wem zu glauben sei, Christus oder Nietzsche, um dann zu argumentieren, Christen seien unsterblich, Hitler und Mussolini hingegen nicht, oder umgekehrt. Die Entscheidung wird selbstverständlich auf dem Schlachtfeld fallen, nicht in der Studierstube. Diejenigen, die das beste Giftgas haben, werden über die Ethik der Zukunft verfügen und somit die Unsterblichen sein.

Unsere Gefühle und Glaubenshaltungen zum Thema Gut und Böse sind wie alles andere, was uns betrifft, natürliche Gegebenheiten, die sich im Lauf des Existenzkampfs entwickelt haben und in keinster Weise göttlichen oder übernatürlichen Ursprungs sind. In einer Fabel des Äsop werden einem Löwen Bilder mit Löwen fangenden Jägern gezeigt, was ihn zu der Bemerkung veranlasst, hätte er die Bilder gemalt, würden sie Jäger fangende Löwen zeigen. Der Mensch, sagt Dr. Barnes, sei ein feiner Kerl, weil er Flugzeuge konstruieren könne. Vor einiger Zeit gab es einen Gassenhauer über die Geschicklichkeit der Fliegen, mit dem Kopf nach unten die Decke entlang zu laufen, und dem Refrain: »Könnte Lloyd George das? Könnte Mr. Baldwin das? Könnte Ramsay Mac das? Aber NEIN!« Eine theologisch denkende Fliege könnte daraus ein schlagendes Argument ziehen, das die anderen Fliegen zweifellos absolut überzeugend fänden.

Im Übrigen haben wir nur abstrakt eine so hohe Meinung vom Menschen. Konkret halten die meisten von uns die große Mehrheit der Menschen für sehr schlecht. Zivilisierte Staaten geben über die Hälfte ihrer Einnahmen dafür aus, gegenseitig ihre Bürger abzuschlachten. Führen wir uns die lange Geschichte der von moralischem Eifer inspirierten Handlungen vor Augen: Menschenopfer, Ketzerverfolgungen, Hexenjagden, Pogrome, bis hin zur pauschalen Vernichtung durch Giftgase, die wohl mindestens einer der Bischofskollegen von Dr. Barnes befürworten dürfte, da er Pazifismus für unchristlich hält. Sind diese Gräuel und die ethischen Lehren, die dazu angespornt haben, wirklich der Beweis für einen intelligenten Schöpfer? Und können wir wirklich wünschen, dass die Menschen, die sie verübt haben, ewig lebten? Die Welt, in der wir leben, kann als eine Folge von Wirren und Unglücken verstanden werden; wenn sie aber das Ergebnis einer zweckmäßigen Absicht ist, muss es die Absicht eines Teufels gewesen sein. Ich für meinen Teil finde Unglück eine weniger schmerzliche und plausiblere Hypothese.

IV
Über katholische und protestantische Skeptiker

Geschrieben 1928

Jeder, der viel Kontakt mit freidenkenden Menschen aus verschiedenen Ländern und mit unterschiedlichen Vorgeschichten hatte, muss bemerkt haben, dass ein deutlicher Unterschied zwischen denen katholischer und denen protestantischer Herkunft besteht, ganz gleich, wie sehr sie glauben mögen, die ihnen in jungen Jahren gelehrte Theologie abgeschüttelt zu haben. Der Unterschied zwischen Protestanten und Katholiken ist bei den Freidenkern genauso ausgeprägt wie bei den Gläubigen; ja vielleicht sind die wesentlichen Unterschiede bei ihnen sogar leichter zu entdecken, weil sie nicht hinter dem Schleier der dogmatischen Differenzen verborgen sind. Aus der Tatsache, dass die meisten protestantischen Atheisten Engländer oder Deutsche sind, die meisten katholischen hingegen Franzosen, ergibt sich natürlich auch eine Schwierigkeit. Denn diejenigen Engländer, die wie Edward Gibbon eng in Berührung mit dem französischen Denken gekommen sind, nehmen trotz ihrer protestantischen Herkunft die Merkmale katholischer Freidenker an. Im Großen und Ganzen aber bleibt der Unterschied, und es könnte amüsant sein, einmal nachzuforschen, worin er besteht.

Als Beispiel für einen typisch protestantischen Freidenker mag James Mill dienen, wie er in der Autobiografie seines Sohnes geschildert wird. »Mein Vater«, sagt John Stuart Mill, »nach den Dogmen des schottischen Presbyterianismus erzogen, war durch seine Studien und Reflexionen früh dahin gelangt, nicht nur den Glauben an die Offenbarung, sondern auch die Grundlagen der sogenannten natürlichen Religion abzulehnen. [...] Diese Einzelheiten zeigen, dass mein Vater zur Verwerfung all dessen, was man den religiösen Glauben nennt, nicht primär durch den logischen Denkakt verleitet wurde; seine Gründe dafür waren weit mehr moralischer als intellektueller Natur. Er fand es unmöglich, zu glauben, dass eine Welt so voller Übel das Werk eines Urhebers sei, der mit der Allmacht eine unendliche Güte und Gerechtigkeit verbinde. [...] Seine Abneigung gegen die Religion in jenem Sinn, in welchem man den Ausdruck gewöhnlich nimmt, war etwa von der Art wie die des Lukrez; er betrachtete sie mit den Gefühlen, welche man nicht gegen ein bloßes geistiges Trugbild, sondern gegen ein moralisches Übel hegt. [...] Es hätte sich mit den Ideen meines Vaters von Pflicht nicht vertragen, wenn er es mir erlaubt hätte, Eindrücke zu erwerben, die seinen Überzeugungen und Gefühlen bezüglich der Religion widersprochen hätten; darum [...] vermittelte er mir von Anfang an den Eindruck, dass man über die Art, wie die Welt ins Dasein gekommen sei, nichts wisse.«[1] Dennoch gibt es keinen

1 John Stuart Mill, *Autobiographie*, Hamburg 2011, S. 32–36.

Zweifel, dass James Mill ein Protestant blieb: »Zugleich [...] flößte er mir das stärkste Interesse ein für die Reformation, da mit ihr der große und entscheidende Kampf des freien Gedankens gegen priesterliche Tyrannei begonnen hatte.«[2]

In alldem folgte James Mill nur dem Geist von John Knox. Er war Nonkonformist, obgleich von einer extremen Sekte, und bewahrte die moralische Ernsthaftigkeit und das Interesse an Theologie, die seine Vorläufer auszeichneten. Die Protestanten haben sich von Anfang an durch das, was sie *nicht* glauben, von ihren Gegnern unterschieden; ein weiteres Dogma umzustürzen, bedeutet daher nicht mehr, als die Bewegung auf der Bühne noch einen Schritt voranzutreiben. Moralischer Eifer ist der wesentliche Zug.

Dies ist nur einer der bezeichnenden Unterschiede zwischen protestantischer und katholischer Moral. Für die Protestanten ist der außergewöhnlich gute Mensch einer, der sich den Obrigkeiten und den anerkannten Lehren widersetzt, wie Luther auf dem Reichstag zu Worms. Nach ihrer Vorstellung ist das Gute etwas Individuelles und Einzelnes. Ich selber bin als Protestant erzogen worden, und einer der Bibelsprüche, die meinem jugendlichen Geist am nachdrücklichsten eingeschärft wurden, war: »Du sollst nicht folgen der Menge zum Bösen.« Mir ist bewusst, dass dieser Satz mich noch heute in meinen wichtigsten Handlungen beeinflusst. Der Katholik hat eine ganz andere Vorstellung von Tugend: Für ihn enthält alle Tugend ein Element der Unterwerfung,

2 Ebd.

nicht nur unter die Stimme Gottes, die sich im Gewissen offenbart, sondern auch unter die Autorität der Kirche als Hort der Offenbarung. Das vermittelt dem Katholiken eine Vorstellung von Tugend, die weitaus sozialer ist als die protestantische, und macht seine Ablösung von der Kirche zu einer viel größeren Zerreißprobe. Ein Protestant, der die protestantische Sekte, in der er aufgewachsen ist, verlässt, tut nur das, was die Gründer der Sekte vor nicht allzu langer Zeit ihrerseits getan hatten, und er ist mental auf die Gründung einer neuen Sekte eingestellt. Ein Katholik hingegen fühlt sich ohne die Unterstützung der Kirche verloren. Er kann natürlich einer anderen Institution wie etwa den Freimaurern beitreten, aber in seinem Bewusstsein bleibt das Moment verzweifelter Revolte zurück. Und im Allgemeinen bleibt er zumindest unbewusst überzeugt, das wahrhaft moralische Leben sei auf die Mitglieder der Kirche beschränkt, wodurch die höchsten Tugenden für den Freidenker unerreichbar geworden sind. Diese Überzeugung trifft ihn je nach Temperament auf unterschiedliche Weise; ist er heiter und unbeschwert veranlagt, genießt er das, was William James als *moral holiday* bezeichnet, eine »moralische Auszeit«. Das vollkommenste Beispiel dafür ist Montaigne, der sich auch eine intellektuelle Auszeit in Form von System- und Deduktionsfeindlichkeit gönnte. Heute sind wir uns nicht immer im Klaren darüber, wie sehr die Renaissance eine anti-intellektuelle Bewegung war. Im Mittelalter war es üblich, Dinge zu beweisen; die Renaissance brachte die Gewohnheit hervor, Dinge zu beobachten. Die einzigen Syllogismen, denen Montaigne gewogen ist, sind solche, die eine bestimmte Negation beweisen, wie zum Beispiel, wenn er seine Gelehrsamkeit aufbietet, um zu beweisen, dass nicht alle, die so starben, wie Arius starb, Ketzer waren. Nach der Aufzählung verschiedener schlechter Menschen, die auf solche oder ähnliche Weise gestorben waren, fährt er fort: »Aber was soll's! Der heilige Irinäus fiel dem gleichen Schicksal zum Opfer! Gott will uns lehren, dass die Guten anderes zu erhoffen und die Bösen andres zu befürchten haben als die Glücks- und Unglücksfälle dieser Welt.«[3] Etwas von dieser Abneigung gegen Systeme war charakteristisch für den katholischen im Gegensatz zum protestantischen Freidenker geblieben; auch hier liegt der Grund wieder in dem übermächtigen System der katholischen Theologie, das dem Einzelnen nicht erlaubt, ihm ein konkurrierendes entgegenzusetzen (es sei denn, er verfügt über heroische Kräfte).

Dementsprechend neigt der katholische Freidenker dazu, feierlichen Ernst sowohl intellektuell als auch moralisch zu meiden, während der protestantische sehr anfällig für beides ist. James Mill lehrte seinen Sohn, »dass man auf die Frage, ›Wer hat mich gemacht?‹, nicht antworten könne, weil wir darüber weder Erfahrung noch authentische Berichte haben; jeder Versuch rücke nur die Schwierigkeit um einen Schritt weiter zurück, weil sich so unmittelbar die Frage einstelle: ›Wer hat Gott gemacht?‹«[4] Vergleichen wir dies mit dem, was Voltaire in seinem *Dictionnaire philosophique* über Gott zu sagen hat. Der Artikel »Dieu« in diesem Werk beginnt folgendermaßen:

3 Michel de Montaigne, *Essais*, Frankfurt am Main 1998, 1. Buch, Kap. 32, S. 116.

4 John Stuart Mill, *Autobiographie*, S. 35.

»Während der Herrschaft des Arcadius wanderte Logomachos, ein Theologielehrer aus Konstantinopel, nach Skythien und verweilte am Fuß des Kaukasus, in den fruchtbaren Ebenen Zephirims an den Grenzen von Kolchis. Der gute alte Dondindac befand sich in der unteren Halle, zwischen dem großen Schafstall und der geräumigen Scheune; er kniete mit seiner Frau, seinen fünf Söhnen und fünf Töchtern, seinen Eltern und seinen Dienern, und alle sangen, nach einer leichten Mahlzeit, Gottes Lob.«[5]

In diesem Stil geht der Artikel weiter und endet mit den Worten: »Seitdem habe ich beschlossen, niemals zu streiten.« Es ist unvorstellbar, dass James Mill je zu dem Entschluss gekommen wäre, nicht mehr zu streiten, oder dass er irgendein Thema, selbst ein weniger erhabenes, durch eine Fabel illustriert hätte. Auch die Kunst spitzfindiger Belanglosigkeit hätte er nicht so einsetzen können, wie Voltaire es tut, wenn er über Leibniz sagt: »Im Norden Deutschlands behauptete er, Gott habe nur *eine* Welt erschaffen können.«[6] Oder nehmen wir den moralischen Eifer, mit dem James Mill die Existenz des Bösen geltend machte, und vergleichen ihn mit folgendem Abschnitt, in dem Voltaire das Gleiche sagt: »Bestreiten, dass es Übel gibt, das mag ein Lukullus lachend sagen, derweilen es ihm gut geht und er mit seinen Freunden und seiner Geliebten im Apollosaal ein üppiges Mahl ein-

5 Voltaire, Artikel »Dieu«, in: *Dictionnaire philosophique portatif*, London 1767.

6 Voltaire, Artikel »Tout est bien«, in: *Dictionnaire philosophique portatif*, a. a. O.

nimmt. Aber er stecke nur den Kopf zum Fenster hinaus, so wird er Elende sehen; er bekomme Fieber, so wird er selber elend sein.«[7]

Montaigne und Voltaire sind die herausragenden Beispiele heiterer Skeptiker. Viele katholische Freidenker indes waren alles andere als heiter, und haben stets das Bedürfnis nach einem strengen Glauben und einer lenkenden Kirche empfunden. Solche Menschen werden manchmal Kommunisten; dafür gibt Lenin das beste Beispiel ab. Lenin übernahm seinen Glauben von einem protestantischen Freidenker (denn in der Mentalität sind Juden und Protestanten kaum zu unterscheiden), aber seine byzantinischen Vorfahren veranlassten ihn, eine Kirche als sichtbare Verkörperung des Glaubens zu schaffen. Ein weniger erfolgreiches Beispiel für das gleiche Bestreben liefert Auguste Comte. Menschen mit seinem Temperament fallen, wenn sie nicht außergewöhnliche Kraft besitzen, früher oder später in den Schoß der Kirche zurück. Ein sehr interessantes Beispiel aus dem Reich der Philosophie finden wir in George Santayana, der die Orthodoxie als solche immer liebte, sich aber nach einer intellektuell weniger abstoßenden Form sehnte, als die katholische Kirche sie bot. Was ihm am Katholizismus seit jeher gefiel, war die Institution der Kirche und ihr politischer Einfluss; im Großen und Ganzen kann man sagen, ihm gefiel, was die Kirche von Griechenland und Rom übernommen hatte, wohingegen ihm missfiel, was sie von den Juden hatte, einschließlich all dessen natürlich, was ihrem Gründer zu verdanken war. Er könnte ge-

7 Ebd.

wünscht haben, dass es Lukrez gelungen wäre, eine Kirche nach den Lehren des Demokrit zu gründen, denn der Materialismus hat seinen Verstand immer gereizt, und zumindest in seinen früheren Arbeiten war er näher daran, die Materie anzubeten, als diese Ehre etwas anderem zuteil werden zu lassen. Doch auf lange Sicht scheint er den Eindruck gewonnen zu haben, dass jede tatsächlich existierende Kirche einer auf das Reich des Wesens beschränkten Kirche vorzuziehen sei. Nun ist George Santayana allerdings ein Ausnahmephänomen, das kaum in eine unserer modernen Kategorien passt. Er ist wirklich ein Mann der Vorrenaissance, und wenn überhaupt, dann ist er am ehesten bei den Ghibellinen einzuordnen, die Dante schmachtend in der Hölle fand, weil sie den Lehren Epikurs anhingen. Seine Sicht der Dinge wurde zweifellos durch eine Sehnsucht nach der Vergangenheit verstärkt, die ein widerwilliger und ausgedehnter Amerika-Aufenthalt in einem spanischen Temperament unweigerlich heraufbeschwören musste.

Es ist allgemein bekannt, wie George Eliot im Gespräch mit F. W. H. Myers selbigen darüber belehrte, dass es keinen Gott gebe, dass wir aber trotzdem gut sein müssten. Insofern war George Eliot die personifizierte protestantische Freidenkerin. Ganz allgemein könnte man sagen, dass die Protestanten gut sein möchten und die Theologie erfunden haben, um gut zu bleiben, während die Katholiken böse sein möchten und die Theologie erfunden haben, damit ihre Nachbarn gut bleiben. Daher der soziale Charakter des Katholizismus gegenüber dem individuellen des Protestantismus. Jeremy Bentham, ein typisch protestantischer Freidenker, hielt Eigenlob für die größte aller Freuden. Er kam daher nicht in Versuchung, unmäßig zu essen oder zu trinken, sich eines lockeren Lebens schuldig zu machen oder die Geldbörse seines Nachbarn zu stehlen, denn nichts davon hätte ihm jene höchste Lust verschafft, die er mit Jack Horner[8] teilte, nur dass Bentham es nicht so leicht hatte, weil er auf den *Christmas pie* verzichten musste, um sie zu erlangen. In Frankreich dagegen war es die Moral der Askese, die zuerst zusammenbrach; der theologische Zweifel kam später und als eine Folge. Aber das ist wahrscheinlich eher ein nationaler Unterschied als einer, der auf den Glaubensbekenntnissen beruht.

Der Zusammenhang zwischen Religion und Moral hätte eine unvoreingenommene Untersuchung auf geografischer Ebene verdient. Ich erinnere mich, in Japan auf eine buddhistische Sekte gestoßen zu sein, in der das Priesteramt erblich war. Ich fragte, wie das sein könne, da buddhistische Priester im Allgemeinen ehelos bleiben; niemand konnte es mir erklären, aber schließlich fand ich die Hintergründe in einem Buch. Es stellte sich heraus, dass die Sekte von der Lehre der Rechtfertigung durch den Glauben ausgegangen und zu dem Schluss gekommen war, Sünde mache nichts aus, solange der Glaube rein bleibe; infolgedessen beschloss die gesamte Priesterschaft, zu sündigen, aber die einzige Sünde, die sie lockte, war die Ehe. Seitdem haben die Priester dieser Sekte ge-

8 Anspielung auf den beliebten Kinderreim: »Little Jack Horner / Sat in the corner, / Eating a Christmas pie; / He put in his thumb, / And pulled out a plum, / And said ›What a good boy am I!‹« (A. d. Ü.)

heiratet, ansonsten jedoch ein makelloses Leben geführt. Vielleicht hätten die Amerikaner, wenn man sie glauben machen könnte, dass Ehe eine Sünde sei, nicht mehr das Bedürfnis, sich scheiden zu lassen. Vielleicht gehört es zum Wesen eines klugen Gesellschaftssystems, einige harmlose Handlungen als »Sünde« zu bezeichnen, die »Sünder« aber dennoch zu dulden. So könnte die Lust, Böses zu tun, befriedigt werden, ohne jemandem zu schaden. Dieser Gedanke hat sich mir im Umgang mit Kindern aufgedrängt. Jedes Kind möchte hin und wieder unartig sein, und wenn es rational erzogen worden ist, kann es den Impuls zum Unartigsein nur durch eine wirklich schädliche Tat befriedigen; wenn es dagegen gelernt hat, dass es böse sei, sonntags Karten zu spielen beziehungsweise freitags Fleisch zu essen, kann es den Impuls zur Sünde befriedigen, ohne jemanden zu verletzen. Ich sage nicht, dass ich in der Praxis nach diesem Prinzip handele; dennoch, der soeben erwähnte Fall der buddhistischen Sekte legt nahe, dass es klug sein könnte, es zu tun.

Man darf den hier aufgezeigten Unterschied zwischen protestantischen und katholischen Freidenkern nicht allzu streng nehmen; die Enzyklopädisten und Philosophen des späten 18. Jahrhunderts zum Beispiel waren protestantischen Typs, während ich Samuel Butler, wenngleich mit einigem Zögern, als katholischen Typ betrachten würde. Der auffällige Hauptunterschied besteht darin, dass die Abkehr von der Tradition beim protestantischen Typ in erster Linie intellektuell erfolgt, während sie beim katholischen Typ vor allem praktisch ist. Der typisch protestantische Freidenker hat nicht die geringste Lust, etwas zu tun, was seinen Nachbarn missfiele, außer der Verteidigung ketzerischer Ansichten. In *Home Life with Herbert Spencer* von Two (eines der köstlichsten Bücher, die es gibt) wird die allgemeine Meinung über diesen Philosophen mit den Worten zusammengefasst, es gebe »nichts, was für ihn spricht, außer dass er einen moralisch guten Charakter hat«. Es wäre Herbert Spencer, Jeremy Bentham, den Mills oder irgendeinem anderen der britischen Freidenker, die in ihren Schriften behaupten, Lust sei das höchste Gut des Lebens – es wäre keinem dieser Männer in den Sinn gekommen, selbst nach Lust zu streben, während ein zu den gleichen Schlussfolgerungen gelangter Katholik sich beeilt hätte, sein Leben danach auszurichten. Zugegeben, in dieser Hinsicht ändert sich die Welt. Der protestantische Freidenker unserer Zeit ist geneigt, sich Freiheiten im Handeln wie im Denken herauszunehmen, aber das ist nur ein Symptom des allgemeinen Verfalls des Protestantismus. In den guten alten Tagen wäre ein protestantischer Freidenker fähig gewesen, abstrakt für die freie Liebe einzutreten und doch bis zum letzten Atemzug in strikter Enthaltsamkeit zu leben. Ich finde die Veränderung bedauerlich. Große Epochen und große Individuen sind aus dem Zusammenbruch rigider Systeme hervorgegangen: Das rigide System sorgt für die notwendige Disziplin und Kohärenz, während sein Zusammenbruch die notwendige Energie freisetzt. Es ist ein Irrtum, anzunehmen, die herausragenden Folgen, die sich im ersten Moment aus einem Zusammenbruch ergeben, könnten sich verewigen. Das Ideal wäre ohne Zweifel eine gewisse Strenge des Handelns kombiniert mit einer Formbarkeit des Denkens, aber ein solcher Zustand ist in der Praxis schwer zu erreichen, außer während kurzer

Übergangsphasen. Und es ist nur allzu wahrscheinlich, dass dann, wenn die alten Orthodoxien verfallen, neue rigide Glaubensbekenntnisse aus den unvermeidlichen Konflikten erwachsen. In Russland wird es bolschewistische Atheisten geben, die Lenins Göttlichkeit in Zweifel ziehen und zu dem Schluss gelangen werden, dass es nicht böse ist, die eigenen Kinder zu lieben. In China werden Kuomintang-Atheisten Vorbehalte gegen Sun Yat Sen und eine kaum ausgesprochene Hochachtung für Konfuzius hegen. Ich fürchte, der Verfall des Liberalismus wird es den Menschen immer schwerer machen, sich eines kämpferischen Glaubens dieser oder jener Art zu enthalten. Wahrscheinlich werden sich die Atheisten unterschiedlicher Couleur in einem Geheimbund zusammenschließen müssen und auf die Methoden zurückgreifen, die Bayle für sein *Dictionnaire historique et critique* erfunden hat. Diesen Trost gibt es jedenfalls: dass die Meinungsverfolgung eine ausgezeichnete Wirkung auf den literarischen Stil hat.

V
Nette Menschen

Erstveröffentlichung 1931

Ich möchte einen Artikel zum Lob der netten Menschen schreiben. Aber vielleicht wird der Leser zuerst wissen wollen, wer die Menschen sind, die ich für nett halte. Den Kern ihrer wesentlichen Eigenschaft zu treffen, dürfte wohl etwas schwierig werden, deshalb beginne ich damit, einige Typen aufzuzählen, die unter das Stichwort fallen. Unverheiratete Tanten sind immer nett, besonders natürlich, wenn sie reich sind; Geistliche sind nett, bis auf die Ausnahmen derer, die sich nach einem vorgetäuschten Selbstmord mit einem Chormitglied nach Südafrika absetzen. Junge Mädchen, das muss ich leider sagen, sind heutzutage selten nett. Als ich jung war, waren die meisten noch ziemlich nett; das heißt, sie teilten die Ansichten ihrer Mütter, nicht nur über Dinge, sondern, was bemerkenswerter ist, auch über Personen, sogar über junge Männer. Sie sagten in den richtigen Momenten »Ja, Mama« und »Nein, Mama«; sie liebten ihren Vater, weil es ihre Pflicht war, ihn zu lieben, und ihre Mutter, weil diese sie davor bewahrte, auch nur das Geringste falsch zu machen. Wenn sie eine Verlobung eingingen, um in den

Ehestand zu treten, verliebten sie sich mit schicklicher Zurückhaltung; einmal verheiratet, erkannten sie es als eine Pflicht an, ihren Ehemann zu lieben, gaben anderen Frauen jedoch zu verstehen, dass es ihnen sehr schwerfiel, diese Pflicht zu erfüllen. Sie waren nett zu ihren Schwiegereltern, machten aber zugleich klar, dass jede weniger pflichtbewusste Person es nicht gewesen wäre; sie sprachen nicht gehässig über andere Frauen, sondern schürzten nur ihre Lippen auf eine Weise, dass man sehen konnte, was sie gesagt haben würden, wäre nicht ihre engelhafte Güte gewesen. Dies ist der Frauentypus, den man rein und edel nennt. Ein Typus, den es heute leider kaum noch gibt, es sei denn unter den Alten.

Zum Glück haben die Überlebenden noch immer große Macht: Sie beherrschen das Erziehungswesen, in dem sie sich nicht ohne Erfolg bemühen, einen viktorianischen Standard von Heuchelei aufrechtzuerhalten; sie beherrschen die Gesetzgebung bezüglich der sogenannten »moralischen Fragen« und haben durch ihren Einfluss den hervorragenden Beruf des Alkoholschmugglers geschaffen und auf dauerhafte Grundlagen gestellt; sie sorgen dafür, dass die jungen Männer, die für unsere Zeitungen schreiben, eher die Meinungen der netten alten Damen zum Ausdruck bringen als ihre eigenen, wodurch sie den jungen Leuten zu einem erweiterten Horizont für ihre Stilmittel und die Vielfalt ihres psychologischen Vorstellungsvermögens verhelfen. Sie halten zahllose Freuden lebendig, derer man sonst schnell überdrüssig geworden wären: So zum Beispiel den Spaß, auf der Bühne schlechte Wörter zu hören oder ein Fitzelchen mehr nackte Haut zu sehen als gewöhnlich. Vor allem aber erhalten sie die Freuden der Jagd. Bei einer homogenen Landbevölkerung, wie sie etwa in einer englischen Grafschaft gegeben ist, sind die Leute dazu verdammt, Füchse zu jagen; das ist teuer und manchmal sogar gefährlich. Überdies kann der Fuchs nicht genau erklären, wie sehr er es verabscheut, gejagt zu werden. Unter all diesen Aspekten ist die Jagd auf Menschen ein besserer Sport, doch ohne die netten Leute wäre es schwierig, sie mit gutem Gewissen zu jagen. Diejenigen, die von den Netten verurteilt werden, sind Freiwild. Auf den Ruf »Horrido« versammelt sich die Jagdgesellschaft, und das Opfer wird in Gefangenschaft gebracht oder in den Tod getrieben. Es ist ein besonders schöner Sport, wenn das Opfer eine Frau ist, weil er dann sowohl die Eifersucht der Frauen als auch den Sadismus der Männer befriedigt. Ich kenne hier und heute eine Ausländerin, die in England in einer glücklichen, wenngleich außerehelichen Beziehung lebt, mit einem Mann, den sie liebt und der sie liebt; unglücklicherweise sind ihre politischen Meinungen nicht so konservativ, wie es zu wünschen wäre, obwohl es nur Meinungen sind, mit denen sie nichts anrichtet. Die netten Leute jedoch haben das als Vorwand benutzt, um Scotland Yard auf ihre Spur zu setzen, und nun wird sie in ihr Heimatland zurückgeschickt, zum Verhungern. In England wie in Amerika haben Ausländer einen schlechten Einfluss auf die Moral, und wir alle schulden der Polizei unseren Dank für die Umsicht, mit der sie dafür sorgt, dass es nur höchst tugendhaften Ausländern gestattet wird, unter uns zu leben.

Man darf allerdings nicht glauben, alle netten Menschen seien Frauen, obschon das Nettsein für eine Frau natürlich viel selbstverständlicher ist, als für einen Mann. Tatsächlich gibt es außer den Geistlichen eine ganze Reihe anderer netter Männer. So etwa diejenigen, die reich geworden sind und sich dann von den Geschäften zurückgezogen haben, um ihren Reichtum für wohltätige Zwecke zu verwenden; auch Richter sind fast immer nett. Man kann jedoch nicht sagen, alle Männer, die für Recht und Ordnung stehen, seien nett. Ich erinnere mich, einmal, in meiner Jugend, als Argument gegen die Todesstrafe von einer netten Frau gehört zu haben, der Henker könne kaum ein netter Mann sein. Ich habe nie einen Henker persönlich gekannt und war daher nicht in der Lage, dieses Argument empirisch zu überprüfen. Ich kenne jedoch eine Dame, die einem Henker im Zug begegnet ist, ohne zu wissen, wer er war, und als sie ihm wegen des kühlen Wetters eine Wolldecke anbot, sagte er, »Oh, Madam, Sie täten das bestimmt nicht, wenn Sie wüssten, wer ich bin«, was darauf hinzuweisen scheint, dass er eigentlich doch nett war. Aber er muss eine Ausnahme gewesen sein. Typisch ist wohl eher der Henker aus Dickens' *Barnaby Rudge*, der absolut kein netter Mann ist.

Ich glaube allerdings nicht, dass wir mit der netten Dame, die ich soeben zitiert habe, darin übereinstimmen sollten, die Todesstrafe nur deshalb zu verurteilen, weil der Henker wahrscheinlich nicht nett ist. Um ein netter Mensch sein zu können, muss man vor der rauen Wirklichkeit geschützt werden, und von denen, die für den Schutz sorgen, ist nicht zu erwarten, dass sie die Nettigkeit der Beschützten teilen. Stellen Sie sich zum Beispiel den Schiffbruch eines Passagierdampfers vor, der viele farbige Arbeiter befördert; die weiblichen Passagiere erster Klasse, vermutlich lauter nette Frauen, sollen zuerst gerettet werden, aber damit das geschehen kann, müssen Männer verhindern, dass die farbigen Arbeiter die Rettungsboote überschwemmen, und es ist unwahrscheinlich, dass ihnen dergleichen mit netten Methoden gelingt. Einmal in Sicherheit, werden die geretteten Frauen sofort Mitleid bekommen mit den armen Arbeitern, die ertrinken mussten, doch diese Weichherzigkeit ist überhaupt erst dank der rauen Männer, die sie verteidigt haben, möglich geworden.

Im Allgemeinen überlassen nette Menschen die Beaufsichtigung der Welt ihren Gefolgsleuten, weil sie das Gefühl haben, diese Arbeit sei nicht unbedingt so, dass eine wirklich nette Person sie gern ausüben würde. Es gibt jedoch einen Bereich, den sie nicht delegieren, nämlich den der üblen Nachrede und des Skandals. Die Menschen können nach der Macht ihrer Zungen in eine Hierarchie der Nettigkeit eingeordnet werden. Wenn A gegen B spricht und B gegen A, wird sich die Gesellschaft, in der sie leben, im Allgemeinen darauf einigen, dass einer von ihnen eine öffentliche Pflicht erfüllt, während der andere von Boshaftigkeit getrieben wird; wer die öffentliche Pflicht erfüllt, ist der nettere von beiden. Somit ist beispielsweise die Rektorin einer Schule netter als eine Hilfslehrerin, aber eine Dame aus dem Schulamt ist noch netter als die beiden. Gezielter Klatsch kann leicht dazu führen, dass das Opfer seinen oder ihren Lebensunterhalt verliert, und selbst wenn dieses äußerste Ergebnis nicht erreicht wird, kann er jemanden zum Paria machen. Er ist daher eine starke Kraft des Guten, und wir sollten dankbar sein, wenn es die Netten sind, die davon Gebrauch machen.

Das Hauptmerkmal netter Menschen sind deren lobenswerte Bemühungen um eine Verbesserung der Wirklichkeit. Gott hat die Welt erschaffen, aber nette Menschen haben den Eindruck, sie hätten die Sache besser machen können. Dem göttlichen Werk sind viele Dinge eigen, die – wenngleich es Blasphemie wäre, sie sich anders zu wünschen – doch alles andere als nett zu erwähnen sind. Manche Geistlichen haben behauptet, dass die Menschheit, hätten Adam und Eva den Apfel nicht gegessen, auf eine harmlose »Vegetationsweise«, wie Edward Gibbon es nennt, vermehrt worden wäre. Diesbezüglich ist Gottes Plan sicher unergründlich. Es ist schön und gut, ihn wie besagte Geistlichen im Licht einer Sündenstrafe zu betrachten, aber das Ärgerliche an dieser Sicht ist, dass nette Menschen für eine Strafe halten mögen, was andere leider Gottes recht vergnüglich finden. Es scheint daher, als sei die Strafe so angelegt, dass sie die Falschen trifft. Eines der wichtigsten Ziele der netten Menschen besteht darin, diese zweifellos unbeabsichtigte Ungerechtigkeit auszugleichen. Sie wollen sicherstellen, dass die biologisch gegebene »Vegetationsweise« entweder heimlich oder frigide vollzogen werde, und dass jene, die es heimlich tun und dabei ertappt werden, wegen des Schadens, der ihnen durch einen Skandal entsteht, netten Menschen ausgeliefert seien. Sie wollen auch sicherstellen, dass so wenig Wissen wie möglich auf anständige Weise über das Thema verbreitet werde; sie versuchen den Zensor zu bewegen, Bücher und Stücke zu verbieten, in denen die Sache anders dargestellt wird, denn als eine Gelegenheit zu widerwärtigem Gekicher; damit haben sie Erfolg, wo und insoweit sie die Gesetze und die Polizei beherrschen. Niemand weiß, warum der menschliche Körper so geschaffen wurde, wie er ist, da man annehmen muss, dass die göttliche Allmacht ihn auch so hätte machen können, dass er die Netten nicht schockieren müsste. Aber vielleicht gab es einen guten Grund. Seit dem ersten Aufschwung der Textilindustrie in Lancashire bestand in England stets ein enges Bündnis zwischen Missionaren und dem Baumwollhandel, weil Missionare die Wilden lehren, den menschlichen Körper zu bedecken, und somit die Nachfrage nach Baumwollwaren steigern. Wäre am menschlichen Körper nichts gewesen, dessen man sich schämen müsste, hätte dem Textilhandel eine wichtige Profitquelle gefehlt. Dieses Beispiel zeigt, dass wir nie zu fürchten brauchen, die Verbreitung von Tugendhaftigkeit könne unsere Profite schmälern.

Wer auch immer den Ausdruck »die nackte Wahrheit« erfunden haben mag, hat eine wichtige Verbindung erfasst. Nacktheit ist für alle gemeinsinnigen Menschen schockierend, und die Wahrheit ebenso.

Es kommt kaum darauf an, um welchen Bereich es geht; man findet schnell heraus, dass die Wahrheit so beschaffen ist, dass nette Menschen sie nicht in ihr Bewusstsein lassen wollen. Jedes Mal, wenn ich das Unglück hatte, anwesend zu sein, während vor Gericht ein Fall verhandelt wurde, über den ich einiges aus erster Hand wusste, war ich verblüfft über die Tatsache, dass keine Spur von schlichter Wahrheit durch die ehrwürdigen Pforten des Gerichts gelassen wird. Nicht die nackte Wahrheit dringt in den Gerichtshof ein, sondern eine Wahrheit in Hofbekleidung, mit der sie ihre weniger anständigen Teile verhüllt. Ich sage nicht, dies treffe auf Prozesse zu, in denen es um eindeutige Straftaten wie Mord oder Diebstahl geht, aber es trifft auf all jene zu, bei denen ein Element von Vorurteil mitwirkt, wie im Fall politischer Prozesse oder solcher wegen Unsittlichkeit. Ich glaube, in dieser Hinsicht ist England schlimmer als Amerika, weil England die fast unsichtbare und halb unbewusste Beherrschung aller Unannehmlichkeiten mithilfe der Anstandsgefühle zur Perfektion gebracht hat. Wenn man vor Gericht eine unliebsame Tatsache aussprechen will, wird man erfahren, das verstoße gegen das Beweisrecht, und nicht nur der Richter und der gegnerische Anwalt, sondern auch der eigene Anwalt wird verhindern, dass besagte Tatsache ans Licht kommt.

Die gleiche Art von Irrealität durchdringt die Politik, aus Rücksicht auf die Gefühle netter Menschen. Versuchen Sie, eine nette Person davon zu überzeugen, dass ein Politiker ihrer Partei ein gewöhnlicher Sterblicher sei, nicht besser als die Masse der Menschheit, wird sie das empört zurückweisen. Infolgedessen müssen Politiker notwendig makellos erscheinen. Meistens schließen sich die Vertreter aller Parteien stillschweigend zusammen, damit nichts an die Öffentlichkeit dringt, was ihrem Beruf schaden könnte, denn die parteilichen Unterschiede trennen die Politiker gewöhnlich weniger, als der Berufsstand sie vereint. Auf diese Weise ist es den netten Menschen möglich, ihr fantastisches Bild von den großen Männern der Nation zu bewahren, und die Schulkinder können glauben gemacht werden, höchste Ehren seien nur durch reine Tugend zu erlangen. Gewiss, es gibt außergewöhnliche Zeiten, in denen die Politik wirklich bitter wird, und zu jeder Zeit gibt es Politiker, die als nicht hinreichend respektabel gelten, um dem informellen Berufsverband anzugehören. Parnell zum Beispiel wurde erst erfolglos der Komplizenschaft mit Mördern beschuldigt und anschließend erfolgreich eines Verstoßes gegen die Moral überführt, wie ihn selbstredend keiner seiner Ankläger auch nur im Traum begangen hätte. In Europa werden heutzutage die Kommunisten ausgegrenzt, während es in Amerika die extrem Radikalen und die Gewerkschaftsagitatoren sind; es gibt keine große Organisation netter Menschen, die bewundernd hinter ihnen stünde, und wenn sie gegen den Kodex der gesellschaftlichen Konventionen verstoßen, können sie nicht auf Gnade hoffen. So verbinden sich die unerschütterlichen Moralvorstellungen der netten Menschen mit der Verteidigung des Eigentums und beweisen wieder einmal ihren unschätzbaren Wert.

Nette Leute argwöhnen zu Recht Spaß an der Freude, wann immer sie einer solchen auf die Spur kommen. Sie wissen: Wer viel lernt, muss viel leiden, und sie folgern, dass wer viel leidet, auch viel lernt. Deswegen haben sie das Gefühl, Weisheit zu verbreiten, indem sie Leid verbreiten; und da Weisheit besser ist als Perlen, fühlen sie sich gerechtfertigt, ihr Vorgehen als Wohltat zu begreifen. So werden sie zum Beispiel einen öffentlichen Kinderspielplatz einrichten, um sich selbst zu überzeugen, dass sie Philanthropen sind, dann aber so viele Benutzungsvorschriften erlassen, dass kein Kind dort so glücklich sein kann wie auf der Straße. Sie werden ihr Bestes tun, um zu verhindern, dass Spielplätze, Theater und dergleichen sonntags geöffnet sind, weil dies genau der Tag ist, an dem man seine Freude daran haben könnte. Junge

Frauen, die als Angestellte für sie arbeiten, werden so weit wie möglich daran gehindert, sich mit jungen Männern zu unterhalten. Die nettesten Leute, die ich kennengelernt habe, trugen diese Haltung sogar in den Schoß der Familie hinein und ließen ihre Kinder nur lehrreiche Spiele spielen. So leid es mir tut, muss ich jedoch sagen, dass dieses Maß an Nettigkeit heute weniger üblich ist als früher. In den alten Tagen lernten die Kinder:

> »Ein Streich mit seiner Allmacht' Rute
> Lässt junge Sünder schnell zur Hölle fahren«[1]

und es verstand sich von selbst, dass solches wohl geschehen würde, wenn Kinder übermütig wurden oder sich Beschäftigungen hingaben, die nicht geeignet waren, sie auf ein geistliches Amt vorzubereiten. Die auf solchen Ansichten beruhende Erziehung wird in *The History of the Fairchild* vorgeführt, einer unschätzbar wertvollen Arbeit darüber, wie man nette Menschen produziert. Ich kenne jedoch wenige Eltern, die diesem hohen Maßstab heute noch gerecht werden. So traurig es ist, hat sich weitgehend die Meinung durchgesetzt, Kinder sollten ihren Spaß haben, und es ist zu befürchten, dass diejenigen, die nach derart laxen Prinzipien erzogen werden, als Heranwachsende keinen angemessenen Abscheu vor der Lust bekommen.

Die Zeit der netten Leute, fürchte ich, ist fast vorbei; zwei Dinge läuten ihr Ende ein. Das erste ist der Glaube, es schade nichts, glücklich zu sein, vorausgesetzt, dass

1 Zitat des anglikanischen Liederdichtes Isaac Watts.

niemand anders darunter leidet; das zweite ist die Abneigung gegen Heuchelei, eine Abneigung, die ebenso ästhetisch wie moralisch ist. Die Empörung wurde in beiderlei Hinsicht durch den Krieg geschürt, als die netten Menschen aller Länder das Heft fest in der Hand hatten und die Jungen im Namen der höchsten Moral dazu brachten, sich gegenseitig abzuschlachten. Nachdem alles vorbei war, begannen die Überlebenden sich zu fragen, ob Lügen und Elend, von Hass getrieben, wirklich die höchste Tugend darstellen. Ich fürchte, es wird einige Zeit vergehen, ehe man sie wieder dazu bringen kann, diese fundamentale Lehre jeder wirklich erhabenen Ethik zu akzeptieren.

Im Kern besteht das Wesen netter Menschen darin, das Leben zu hassen, wie es sich im Streben nach Zusammenarbeit, im Übermut von Kindern und vor allem in der Sexualität offenbart, von der sie in Gedanken ganz besessen sind. Mit einem Wort, nette Menschen sind jene, die eine schmutzige Fantasie haben.

VI
Kann Religion ein Heilmittel gegen unsere Schwierigkeiten sein?

Die beiden Teile dieses Essays sind zuerst als Artikel in der Stockholmer Zeitung Dagens Nyheter *vom 9. und 11. November 1954 erschienen.*

1. Teil

Die Menschheit befindet sich in Todesgefahr, und nach wie vor fördert Angst die Bereitschaft der Menschen, Zuflucht bei Gott zu suchen. Überall im Westen zeigt sich ein allgemeines Wiederaufleben der Religion. Nazis und Kommunisten haben das Christentum verworfen und Dinge getan, die wir verurteilen. Man kann leicht zu dem Schluss kommen, die Ablehnung des Christentums durch Hitler und die Sowjetregierung habe unsere Schwierigkeiten zumindest teilweise verursacht, und wenn die Welt zum Christentum zurückkehrte, wären unsere internationalen Probleme gelöst. Ich halte das für eine absolute Täuschung, eine Ausgeburt von Angst und Schrecken. Und ich halte es für eine Täuschung, die gefährlich ist, weil sie Menschen irreführt, deren Denken sonst fruchtbar sein könnte, und sie deshalb einer wirksamen Lösung im Wege steht.

Die Frage, um die es hier geht, betrifft nicht nur den gegenwärtigen Zustand der Welt. Es ist eine viel allgemeinere Frage, die viele Jahrhunderte hindurch Gegenstand lebhafter Debatten war. Es ist die Frage, ob Gesellschaften ein hinreichendes Quäntchen an Moral leben können, ohne sich auf eine dogmatische Religion zu stützen. Ich persönlich glaube nicht, dass die Moral auch nur im Mindesten so von der Religion abhängt, wie religiöse Menschen meinen. Ich glaube sogar, dass einige sehr wichtige Tugenden eher bei denen zu finden sind, die religiöse Dogmen ablehnen, als bei denen, die sie übernehmen. Ich glaube, das gilt insbesondere für die Tugend der Wahrhaftigkeit oder intellektuellen Integrität. Unter intellektueller Integrität verstehe ich die Gepflogenheit, strittige Fragen anhand von Beweisen zu entscheiden oder offen zu lassen, wenn die Beweise nicht ausreichen. Diese Tugend, die von fast allen Anhängern jeglicher Glaubenslehre unterschätzt wird, ist meiner Ansicht nach von höchster gesellschaftlicher Bedeutung und könnte der Welt viel eher zugutekommen, als das Christentum oder irgendein anderes System des organisierten Glaubens.

Bedenken wir einen Augenblick, wie es zur Anerkennung von moralischen Regeln gekommen ist. Ganz allgemein gibt es zwei Sorten moralischer Regeln: Solche, die in nichts anderem begründet sind, als in einem religiösen Glauben; und solche, die offensichtlich einen Grund in ihrem gesellschaftlichen Nutzen haben. Nach den Vorschriften der griechisch-orthodoxen Kirche dürfen zwei Paten desselben Kindes nicht heiraten. Das ist eine Regel, die zweifellos eine rein theologische Grundlage hat; und wer sie für wichtig hält, wird den Verfall der Religion mit Fug und Recht verurteilen, weil er zur Folge hätte, dass gegen die Regel verstoßen wird. Aber diese Sorte moralischer Regeln soll hier nicht behandelt werden. Es geht vielmehr um jene, für die es unabhängig von der theologischen eine gesellschaftliche Rechtfertigung gibt.

Nehmen wir zum Beispiel Diebstahl. Eine Gemeinschaft, in der jeder stiehlt, ist für jeden unbequem, und es liegt auf der Hand, dass die meisten einem Leben, wie sie es sich wünschen, näherkommen, wenn Diebstähle in ihrer Gemeinschaft selten sind. Doch ohne Gesetze, Moral und Religion ergibt sich eine Schwierigkeit: Für jeden Einzelnen wäre die ideale Gemeinschaft eine, in der jeder andere ehrlich ist, und nur er allein ein Dieb. Daraus folgt, dass eine gesellschaftliche Institution notwendig ist, um das Interesse des Individuums mit dem der Gemeinschaft in Einklang zu bringen. Diese Aufgabe wird mehr oder weniger erfolgreich vom Strafrecht und von der Polizei erfüllt. Nun werden aber Straftäter nicht immer gefasst, und es mag sein, dass die Polizei zu viel Nachsicht gegenüber den Mächtigen übt. Wenn die Menschen überzeugt werden können, es gebe einen Gott, der Diebstahl auch dann bestraft, wenn die Polizei versagt, wird dieser Glaube wahrscheinlich für mehr Ehrlichkeit sorgen. Sofern die Bevölkerung bereits an Gott glaubt, wird sie gerne glauben, dass Gott Diebstahl verboten hat. Wie nützlich die Religion in dieser Hinsicht ist, veranschaulicht die Geschichte von Naboths Weingarten, die den König als den über die irdische Gerichtsbarkeit erhabenen Dieb zeigt.

Ich will nicht bestreiten, dass solche Überlegungen in den halbzivilisierten Gemeinschaften der Vergangenheit geholfen haben mögen, ein gesellschaftlich erwünschtes Verhalten zu fördern. Aber heute ist das, was auch immer an Gutem dabei herauskommen mag, wenn man der Moral eine theologische Begründung zuschreibt, untrennbar mit so bedrohlichen Übeln verbunden, dass das Gute bedeutungslos wird. Je weiter die Zivilisation voranschreitet, umso gewisser werden die irdischen Strafen, und umso ungewisser die göttlichen. Die Menschen sehen immer mehr Grund zu glauben, dass sie erwischt werden, wenn sie stehlen, und immer weniger Grund zu glauben, dass Gott sie, wenn sie nicht erwischt werden, dennoch bestrafen wird. Selbst hochreligiöse Menschen fürchten heute kaum noch, fürs Stehlen in die Hölle zu kommen. Sie denken sich, sie könnten rechtzeitig bereuen, und die Hölle sei jedenfalls weder so sicher noch so heiß, wie sie es einmal war. Die meisten Mitglieder zivilisierter Gemeinschaften stehlen nicht, und ich glaube, ihr Motiv ist gemeinhin die erhöhte Wahrscheinlichkeit einer Strafe hier auf Erden. Das entspricht der Tatsache, dass in einem vom Goldrausch erfassten Bergarbeiterlager oder einer sonstigen, ähnlich durcheinandergewirbelten Gemeinschaft fast jeder stiehlt.

Aber, könnte man nun sagen, auch wenn das theologische Verbot von Diebstahl nicht mehr so nötig sein mag, kann es doch auf jeden Fall nicht schaden, da wir alle möchten, dass niemand stiehlt. Das Problem ist nur, dass die herrschende Theologie, sobald Menschen die Neigung erkennen lassen, an ihr zu zweifeln, mit abscheulichen und schädlichen Mitteln abgesichert wird. Wenn eine

Theologie als notwendig gilt, um Tugend zu ermöglichen, und forschende Geister, die dies unvoreingenommen hinterfragen, keinen Grund sehen, nämliche Theologie für wahr zu halten, werden die Obrigkeiten Maßnahmen ergreifen, um unvoreingenommenes Hinterfragen zu verhindern. In früheren Jahrhunderten taten sie das, indem sie die forschenden Geister auf dem Scheiterhaufen verbrannten. In Russland gibt es heute noch Methoden, die nicht viel besser sind; in den westlichen Ländern hingegen haben die Obrigkeiten etwas sanftere Formen der Überredung perfektioniert. Dabei spielen Schulen vielleicht die wichtigste Rolle: Die Jugend muss davor bewahrt werden, Argumente zugunsten von Meinungen zu hören, die den Obrigkeiten missfallen, und wer dennoch Neigungen zeigt, beharrlich nachzufragen, wird gesellschaftlichen Unwillen erregen und möglichst dazu gebracht werden, sich moralisch verwerflich zu fühlen. Auf diese Weise wird jedes moralische System, das auf einer theologischen Grundlage fußt, zu einem der Werkzeuge, derer sich die Machthaber bedienen, um ihre Autorität zu bewahren und die intellektuelle Kraft der Jugend zu schwächen.

In jüngster Zeit finde ich bei vielen Menschen eine Gleichgültigkeit gegenüber der Wahrheit, die mir überaus gefährlich erscheint. Bei Stellungnahmen zur Verteidigung des Christentums beispielsweise argumentieren sie nicht wie Thomas von Aquin, indem sie Begründungen für die Annahme liefern, dass es einen Gott gebe, und dass Er Seinen Willen in der Heiligen Schrift kundgetan habe. Sondern sie argumentieren, dass die Menschen, wenn sie an Gott glauben, besser handeln, als wenn sie nicht daran glauben. Wir sollten uns daher – so fahren sie fort – keine Spekulationen darüber erlauben, ob Gott existiert. Wenn sich in einem unbedachten Moment Zweifel regen, müssen wir sie mit aller Kraft unterdrücken. Wenn unvoreingenommenes Denken Zweifel auslöst, müssen wir solches Denken vermeiden. Wenn die offiziellen Repräsentanten der Orthodoxie dir sagen, es sei ruchlos, die Schwester deiner verstorbenen Frau zu heiraten, musst du ihnen glauben, damit das moralische Gebäude nicht zusammenbricht. Wenn sie dir sagen, Geburtenkontrolle sei eine Sünde, musst du ihr Urteil akzeptieren, und mag es deiner Meinung nach noch so offensichtlich sein, dass ohne Geburtenkontrolle eine Katastrophe bevorsteht. Sobald behauptet wird, dass ein Glaube, welcher Art auch immer, aus einem anderen Grund als um seiner Wahrheit willen von Bedeutung sei, droht ein ganzes Heer von Übeln aus dem Boden zu schießen. Die Verhinderung forschenden Nachfragens, von der ich oben sprach, ist das erste, aber andere werden ziemlich sicher folgen. Machtpositionen werden den Orthodoxen offenstehen. Die Geschichtsschreibung muss gefälscht werden, sobald sie einen Schatten des Zweifels auf herkömmliche Meinungen wirft. Früher oder später wird alles Unorthodoxe als Verbrechen gelten, das mit Scheiterhaufen, Säuberungsaktionen oder Konzentrationslagern zu bekämpfen ist. Ich kann Menschen respektieren, die behaupten, ihre Religion sei wahr und solle deshalb geglaubt werden, aber denen, die sagen, eine Religion solle geglaubt werden, weil sie nützlich sei, und es sei Zeitverschwendung, zu fragen, ob sie wahr sei, kann ich nur tiefe moralische Missbilligung bezeugen.

Üblicherweise betrachten die Verfechter des Christentums den Kommunismus als etwas vollkommen anderes, dessen Übel sie den angeblichen Gottesgeschenken gegenüberstellen, mit denen die christlichen Völker gesegnet sind. Das scheint mir ein gründlicher Irrtum zu sein. Die Übel des Kommunismus sind die gleichen wie die des Christentums im Zeitalter des Glaubens. Die Geheimpolizei der Sowjetunion (GPU) unterscheidet sich nur quantitativ von der Inquisition. Ihre Grausamkeiten sind von der gleichen Art, und der Schaden, den sie dem intellektuellen und moralischen Leben der Russen zufügt, ist von der gleichen Art wie der, den die Inquisitoren anrichteten, wo auch immer sie die Macht hatten. Die Kommunisten fälschen die Geschichte, und die Kirche tat es ebenso, bis zur Renaissance. Wenn die Kirche heute nicht so schlimm ist wie die Sowjetregierung, ist das dem Einfluss derer zu verdanken, die sie angegriffen haben: Vom Konzil von Trient bis zum heutigen Tag sind sämtliche Verbesserungen innerhalb der Kirche deren Feinden geschuldet. Es gibt viele, die sich gegen die Sowjetregierung wenden, weil sie die kommunistische Wirtschaftslehre ablehnen, aber das hat der Kreml mit den frühen Christen, den Franziskanern und der Mehrheit der christlichen Häretiker aus dem Mittelalter gemeinsam. Auch war die kommunistische Lehre nicht auf Häretiker beschränkt: Thomas Morus, ein orthodoxer Märtyrer, beschreibt das Christentum als kommunistisch und sagt, dies sei der einzige Aspekt der christlichen Religion, der sie den Utopisten anempfehle. Es ist nicht die sowjetische Doktrin an sich, die mit Recht als Gefahr betrachtet werden kann. Es ist das, wofür sie gehalten wird: eine heilige und unantastbare Wahrheit, an der zu zweifeln Sünde ist und die strengste Strafe verdient. Der Kommunist glaubt, genau wie der Christ, seine Lehre sei heilbringend und der Glaube daran ermögliche ihm das Heil. Es ist die Ähnlichkeit zwischen Christentum und Kommunismus, die beide miteinander unvereinbar macht. Wenn zwei Wissenschaftler verschiedener Meinung sind, rufen sie nicht nach der weltlichen Gerichtsbarkeit; sie warten auf weitere Erkenntnisse, um die Frage zu entscheiden, weil sie als Wissenschaftler wissen, dass keiner von ihnen unfehlbar ist. Wenn jedoch zwei Theologen streiten, bleibt ihnen in Ermangelung gemeinsamer Kriterien, auf die sie sich berufen könnten, nichts anderes übrig als gegenseitiger Hass und ein offener oder verdeckter Ruf nach Gewalt. Ich gebe zu, das Christentum richtet momentan weniger Schaden an als früher; aber das liegt daran, dass der Glaube weniger inbrünstig geworden ist. Vielleicht wird der Kommunismus im Lauf der Zeit die gleiche Veränderung erfahren; und wenn ja, wird auch dieses Credo viel von dem verlieren, was es gegenwärtig so unerträglich macht. Wenn im Westen aber die Ansicht vorherrscht, das Christentum sei die wesentliche Voraussetzung für Tugend und gesellschaftliche Stabilität, wird das Christentum erneut die Laster hervorbringen, denen es im Mittelalter frönte; und indem es dem Kommunismus zunehmend ähnlich wird, wird es zunehmend unversöhnlich mit ihm werden. Das ist gewiss kein Weg, um die Welt vor der Katastrophe zu bewahren.

2. Teil

In meinem ersten Artikel habe ich mich mit den Übeln beschäftigt, die jedem dogmatischen System, das nicht um der Wahrheit willen, sondern aus Gründen des gesellschaftlichen Nutzens angenommen werden soll, inhärent sind. Was ich zu sagen hatte, gilt gleichermaßen für das Christentum, den Kommunismus, den Islam, den Buddhismus, den Hinduismus und alle theologischen Systeme, außer wenn sie sich nach Art der Wissenschaft auf Gründe berufen, die Anspruch auf Allgemeingültigkeit erheben. Es gibt jedoch besondere Argumente, die wegen der angeblich besonderen Verdienste des Christentums zu dessen Gunsten angeführt werden. Herbert Butterfield[1], Professor für neuzeitliche Geschichte an der University of Cambridge, hat diese Argumente wortgewandt und mit überbordender Gelehrsamkeit dargelegt, und so will ich ihn als Sprecher der großen Masse Gleichgesinnter nehmen, die seine Meinung teilen.

Professor Butterfield versucht sich durch gewisse Zugeständnisse, die ihn aufgeschlossener erscheinen lassen, als er tatsächlich ist, eine vorteilhafte Ausgangsposition für die strittigen Fragen zu sichern. Er gibt zu, dass die christliche Kirche auf das Mittel der Verfolgung gesetzt hatte, und dass es Druck von außen war, der zur Beendigung dieser Praxis führte, soweit sie denn beendet wurde. Er gibt zu, dass die gegenwärtigen Spannungen zwischen Russland und dem Westen ein Ergebnis von Machtpolitik sind, wie es ebenso zu erwarten gewesen

1 Herbert Butterfield, *Christentum und Geschichte*, Stuttgart 1952.

wäre, wenn Russland weiterhin an der griechisch-orthodoxen Kirche festgehalten hätte. Er gibt zu, dass einige der Tugenden, die er für ausgesprochen christlich hält, von manchen Freidenkern gelebt wurden, während das Verhalten vieler Christen sie vermissen ließ. Aber trotz dieser Zugeständnisse behauptet er noch immer, die Übel, an denen die Welt leidet, müssten durch die Aufrechterhaltung des christlichen Dogmas geheilt werden, und in das notwendige Minimum an Dogmen schließt er nicht nur den Glauben an Gott und die Unsterblichkeit ein, sondern auch den Glauben an die Menschwerdung. Er betont den Zusammenhang des Christentums mit bestimmten historischen Ereignissen und akzeptiert die Historizität dieser Ereignisse aufgrund von Beweisen, die ihn gewiss nicht überzeugen könnten, wenn sie nicht mit seiner Religion zusammenhingen. Ich glaube nicht, dass die Beweise für die Jungfrauengeburt geeignet wären, irgendeinen unparteiisch Fragenden zu überzeugen, wenn sie ihm außerhalb des gewohnten Reigens theologischer Bekenntnissätze vorgelegt würden. In der heidnischen Mythologie gibt es unzählige solcher Geschichten, aber niemand denkt im Traum daran, sie ernst zu nehmen. Professor Butterfield jedoch, obwohl Historiker, scheint an Fragen der Historizität ziemlich desinteressiert zu sein, wann immer es um die Ursprünge des Christentums geht. Der Weltgewandtheit und trügerischen Aufgeschlossenheit ihres Urhebers entblößt, lässt sich seine Argumentation grob, aber korrekt, wie folgt wiedergeben: »Es lohnt sich nicht, nachzuforschen, ob Christus wirklich vom Heiligen Geist empfangen und von einer Jungfrau geboren worden ist, denn ganz gleich, ob dem so war oder nicht, schafft der Glaube, dem sei so gewesen, die beste Hoffnung, den gegenwärtigen Schwierigkeiten der Welt zu entrinnen.« Nirgendwo in Professor Butterfields Werk findet man den geringsten Versuch, die Wahrheit eines christlichen Dogmas zu beweisen. Man findet lediglich das pragmatische Argument, der Glaube an die christliche Lehre sei nützlich. Viele Schritte in Professor Butterfields Auseinandersetzung sind nicht so klar und genau ausgedrückt, wie man es sich wünschen könnte, und ich fürchte, der Grund liegt darin, dass Klarheit und Genauigkeit sie wohl unglaubwürdig gemacht hätten. Ich denke, von den Belanglosigkeiten abgesehen, läuft seine Auseinandersetzung so: Es wäre eine gute Sache, wenn die Menschen ihre Nächsten liebten, aber sie zeigen keine große Bereitschaft dazu; Christus hat gesagt, sie sollten es tun, und wenn sie glauben, Christus sei Gott, werden sie seine Lehre in diesem Punkt eher befolgen, als wenn sie es nicht glauben; wer also möchte, dass die Menschen ihren Nächsten lieben, wird sie zu überzeugen versuchen, dass Christus Gott ist.

Gegen diese Art der Argumentation gibt es so viele Einwände, dass man kaum weiß, wo man beginnen soll. Zunächst einmal sind Professor Butterfield und alle, die so denken wie er, überzeugt, es sei eine gute Sache, seinen Nächsten zu lieben, aber ihre Gründe dafür, diese Ansicht zu vertreten, leiten sich nicht von der Lehre Christi her. Im Gegenteil, weil sie bereits von besagter Ansicht überzeugt sind, betrachten sie die Lehre Christi als Beweis für dessen Göttlichkeit. Das heißt, ihre Ethik beruht nicht auf der Theologie, sondern die Theologie beruht auf ihrer Ethik. Offenbar meinen sie jedoch, dass die nichttheologischen Gründe, die es ihnen als eine gute Sache erscheinen lassen, seinen Nächsten zu lieben, vermutlich keine durchschlagende Wirkung entfalten werden, und so machen sie sich daran, andere Argumente zu erfinden, von denen sie sich mehr erhoffen. Das ist ein sehr gefährliches Verfahren. Früher glaubten viele Protestanten, es sei ebenso sündig, den Sabbat zu entheiligen, wie einen Mord zu begehen. Überzeugte man sie davon, dass es keine Sünde sei, den Sabbat zu entheiligen, mochten sie womöglich den Rückschluss ziehen, einen Mord zu begehen sei auch keine Sünde. Jede theologische Ethik ist so beschaffen, dass sie sich zum Teil rational verteidigen lässt, während sie zum anderen Teil eine bloße Verkörperung abergläubischer Tabus ist. Der rational vertretbare Teil sollte denn auch stets verteidigt werden, sonst könnten diejenigen, die das Irrationale des anderen Teils entdecken, versucht sein, voreilig das Ganze abzulehnen.

Aber repräsentierte das Christentum tatsächlich eine bessere Moral als seine Rivalen und Gegner? Ich sehe nicht, wie ein ehrlicher Student der Geschichtswissenschaft das behaupten könnte. Das Christentum hat sich vor anderen Religionen durch seine größere Bereitschaft zur Verfolgung ausgezeichnet. Der Buddhismus war nie eine auf Verfolgung ausgerichtete Religion. Das Weltreich der Kalifen ist sehr viel menschlicher mit Juden und Christen umgegangen, als die christlichen Staaten mit Juden und Muslimen. Es ließ Juden und Christen unbehelligt, vorausgesetzt, sie zahlten ihren Tribut. Das Christentum förderte den Antisemitismus von dem Moment an, da das Römische Reich christlich geworden war. Der religiöse Eifer der Kreuzzüge führte zu Pogromen in

Westeuropa. Es waren Christen, die Dreyfus unrechtmäßig anklagten, und Freidenker, die letztlich für seine Rehabilitierung sorgten. In der Neuzeit haben Christen Gräueltaten nicht nur dann verteidigt, wenn die Opfer Juden waren, sondern auch in anderen Zusammenhängen. Die Gräuel der Herrschaft König Leopolds im Kongo wurden von der Kirche verschleiert und heruntergespielt und erst durch einen hauptsächlich von Freidenkern angeführten Aufruhr beendet. Das ganze Argument, das Christentum habe einen erhebenden moralischen Einfluss ausgeübt, kann nur unter kompletter Missachtung oder Fälschung der historischen Beweislast aufrechterhalten werden.

Die übliche Antwort lautet, jene Christen, die Dinge taten, die wir verurteilen, seien keine »wahren« Christen in dem Sinne, dass sie sich nicht an die Lehren Christi gehalten hätten. Man könnte natürlich ebenso gut sagen, die Sowjetregierung bestehe nicht aus wahren Marxisten, weil Marx gelehrt habe, dass Slawen schlechter seien als Deutsche, und diese Lehre vom Kreml nicht angenommen werde. Die Anhänger eines Lehrers weichen stets in einigen Punkten von der Lehre ihres Meisters ab. Wer beabsichtigt, eine Kirche zu gründen, sollte sich das merken. Jede Kirche entwickelt einen Selbsterhaltungstrieb und minimiert den Anteil dessen, was an der Lehre des Gründers nicht zweckdienlich ist. Auf jeden Fall aber beruht das, was die modernen Fürstreiter der christlichen Religion als »wahres« Christentum bezeichnen, auf einem äußerst selektiven Verfahren. Es lässt vieles außer Acht, was in den Evangelien zu finden ist: So zum Beispiel die Parabel von den Schafen und den Böcken mitsamt der

Lehre, dass die Bösen ewige Pein im Höllenfeuer leiden werden. Es greift bestimmte Stellen der Bergpredigt heraus, wobei selbst diese in der Praxis oft verworfen werden. So bleibt es beispielsweise Nicht-Christen wie Gandhi überlassen, die Lehre vom gewaltlosen Widerstand zu praktizieren. Die besonders gepriesenen Vorschriften sollen eine derart erhabene Moral verkörpern, dass ihr göttlicher Ursprung unabweislich sei. Und doch muss Professor Butterfield wissen, dass diese Vorschriften vor der Zeit Christi von Juden ausgesprochen wurden. Sie finden sich zum Beispiel in den Lehren des Rabbi Hillel und in den *Testamenten der zwölf Patriarchen*; bezüglich der Letzteren sagt Rev. Dr. Robert Henry Charles, eine führende Autorität auf diesem Gebiet: »Die Bergpredigt spiegelt an mehreren Stellen den Geist unseres Textes wieder und gebraucht sogar dieselben Redewendungen: Viele Abschnitte in den Evangelien weisen solche Spuren auf, und Paulus scheint das Buch als Vademekum benutzt zu haben.« Wenn, wie uns manchmal gesagt wird, die Erhabenheit der ethischen Lehre die Göttlichkeit ihres Urhebers beweist, dann muss der unbekannte Autor dieser Testamente göttlich gewesen sein.

Dass die Welt sich in schlechter Verfassung befindet, ist unbestreitbar, aber die Geschichte liefert nicht den geringsten Grund für die Annahme, das Christentum böte einen Ausweg. Unsere Schwierigkeiten sind mit der Unerbittlichkeit einer griechischen Tragödie dem Ersten Weltkrieg entsprungen, der sowohl die Kommunisten als auch die Nazis hervorgebracht hat. Dieser Krieg war in seinen Anfängen ganz und gar christlich. Die drei Herrscher waren fromm, und die eher kriegerisch Gesonnenen im britischen Kabinett waren es ebenfalls. Widerstand gegen den Krieg kam in Deutschland und in Russland von den Sozialisten, die antichristlich waren; in Frankreich von Jaurès, dessen Mörder den Beifall ernsthafter Christen ernteten; in England von John Morley, einem bekannten Atheisten. Die gefährlichsten Züge des Kommunismus erinnern an die mittelalterliche Kirche. Sie bestehen aus fanatischer Begeisterung für Lehren, die in einem heiligen Buch enthalten sind, aus Unwillen, diese Lehren kritisch zu überprüfen, und barbarischer Verfolgung derer, die sie ablehnen. Wir dürfen nicht auf eine Wiederbelebung von Fanatismus und Bigotterie im Westen setzen, damit die Sache gut ausgeht. Wenn es zu einer solchen Wiederbelebung kommen sollte, bedeutete das nichts anderes, als dass die hassenswerten Züge des kommunistischen Regimes allgemein geworden wären. Was die Welt braucht, ist Vernunft, Toleranz und Einsicht in die wechselseitige Abhängigkeit zwischen den verschiedenen Teilen der menschlichen Familie. Diese Abhängigkeit hat durch die modernen Erfindungen enorm zugenommen, und die rein weltlichen Argumente für einen freundlichen Umgang mit unserem Nächsten sind viel stärker, als sie jemals waren. Auf solche Überlegungen müssen wir setzen, und nicht auf eine Rückkehr zu obskurantistischen Mythen. Man mag sagen, Intelligenz habe unsere Schwierigkeiten verursacht; aber es ist nicht das unintelligente Gegenteil, das sie lösen wird. Nur mehr und weisere Intelligenz kann eine glücklichere Welt schaffen.

VII
Religion und Moral

Geschrieben 1952

Viele sagen uns, ohne den Glauben an Gott könne ein Mensch weder glücklich noch tugendhaft sein. Was die Tugend anbelangt, so kann ich nur von Beobachtungen, nicht aus eigener Erfahrung sprechen. Was das Glück anbelangt, so haben weder Erfahrung noch Beobachtung mir den Eindruck vermittelt, Gläubige seien im Durchschnitt glücklicher oder unglücklicher als Ungläubige. Es ist gang und gäbe, »große« Gründe für sein Unglück anzuführen, weil es einfacher ist, stolz zu sein, wenn man die Schuld an der Misere auf mangelnden Glauben schieben kann, als wenn man sie der eigenen Galle zuschreiben muss. Was schließlich die Moral anbelangt, so hängt viel davon ab, was man unter diesem Begriff versteht. Ich für meinen Teil halte Freundlichkeit und Intelligenz für die wichtigsten Tugenden. Intelligenz wird durch jeglichen Glauben unterbunden, was auch immer geschehen mag; und Freundlichkeit wird durch den Glauben an Sünde und Strafe verhindert (der einzige Glaube übrigens, den die Sowjetregierung vom orthodoxen Christentum übernommen hat).

In der Praxis gerät die herkömmliche Moral auf verschiedene Weise in Konflikt mit dem, was gesellschaftlich wünschenswert wäre. Ein Problem besteht in der Verhütung von Geschlechtskrankheiten. Noch wichtiger ist die Begrenzung des Bevölkerungswachstums. Durch Verbesserungen im Bereich der Medizin hat diese Frage größere Bedeutung gewonnen denn je. Wenn die Völker und Stämme, die noch immer so gebärfreudig sind wie die Briten vor hundert Jahren, ihre diesbezüglichen Gewohnheiten nicht ändern, gibt es für die Menschheit keine Perspektive außer Krieg und Verelendung. Das weiß jeder intelligente Student, aber die theologischen Dogmatiker erkennen es nicht an.

Ich bin nicht der Meinung, ein Verfall des dogmatischen Glaubens könne ausschließlich Gutes bewirken. Ich gebe sofort zu, dass neue, von Dogmen beherrschte Systeme wie die der Nazis und der Kommunisten sogar schlimmer sind als die alten, aber sie hätten niemals so tief in die Köpfe der Menschen dringen können, wenn die orthodox-dogmatischen Regeln ihnen nicht schon in der Jugend eingetrichtert worden wären. Stalins Sprache ist voller Reminiszenzen an das theologische Seminar, in dem er seine Ausbildung erhielt. Was die Welt braucht, ist kein Dogma, sondern eine wissenschaftlich-forschende Geisteshaltung in Verbindung mit der Überzeugung, dass die Folter von Millionen nicht wünschenswert ist, ganz gleich, wer sie ihnen zufügt, ob Stalin oder eine nach dem Bild des Gläubigen erfundene Gottheit.

VIII
Was ich glaube

Vorwort

In dieser kleinen Schrift versuche ich zu sagen, was ich über die Stellung des Menschen im Universum und über seine Möglichkeiten denke, ein gutes Leben zu erreichen. In *Ikarus oder Die Zukunft der Wissenschaft*[1] habe ich meine Befürchtungen zum Ausdruck gebracht; auf den folgenden Seiten will ich meine Hoffnungen ausdrücken. Die Widersprüchlichkeit ist nur eine scheinbare. Außer in der Astronomie hat die Menschheit nicht die Kunst erlangt, die Zukunft vorauszusagen; in menschlichen Angelegenheiten sehen wir, dass es Kräfte gibt, die das Glück fördern, und Kräfte, die das Elend fördern. Wir wissen nicht, welche sich durchsetzen werden, aber um weise zu handeln, müssen wir uns beider bewusst sein.

1. Januar 1925 *Bertrand Russell*

1 Bertrand Russell, *Ikarus oder Die Zukunft der Wissenschaft*, München 1926.

1. Natur und Mensch

Der Mensch ist ein Teil der Natur, nicht etwas im Widerspruch zu ihr. Seine Gedanken und Bewegungen folgen denselben Gesetzen wie der Lauf der Sterne und Atome. Die physische Welt ist groß im Vergleich zum Menschen – größer als man zu Dantes Zeiten glaubte, aber nicht so groß, wie es vor hundert Jahren erschien. Sowohl nach oben als auch nach unten, im Großen wie im Kleinen scheint die Wissenschaft an Grenzen zu stoßen. Man nimmt an, das Universum sei ein endlich weiter Raum, den Licht in einigen hundert Millionen Jahren umrunden könne. Man nimmt an, die Materie bestehe aus Elektronen und Protonen von endlicher Größe, die auf der Erde nur in endlicher Zahl vorhanden seien. Wahrscheinlich verändern sie sich nicht kontinuierlich, wie man früher annahm, sondern in Sprüngen, wobei letztere nie kleiner sind als ein bestimmter Minimalsprung. Die Gesetze dieser Veränderungen lassen sich allem Anschein nach in einer geringen Zahl sehr allgemeiner Prinzipien zusammenfassen, die die Vergangenheit und die Zukunft der Welt determinieren, wenn nur irgendein winziger Abschnitt von deren Geschichte bekannt ist.

Die physikalische Wissenschaft nähert sich also einem Stadium, in dem sie vollständig und deshalb uninteressant sein wird. In Anbetracht der Gesetze, die das Verhalten von Elektronen und Protonen beherrschen, ist der Rest nur noch Geografie – eine Sammlung einzelner Fakten, die Aufschluss über deren Verteilung während eines bestimmten Abschnitts der Weltgeschichte gibt. Die Gesamtzahl geografischer Fakten, derer es bedarf, um die Weltgeschichte zu bestimmen, ist wahrscheinlich endlich; theoretisch könnten sie alle in ein dickes Buch eingetragen und mit einer daran angeschlossenen Rechenmaschine in Somerset House aufbewahrt werden, sodass der Forscher nur eine Handkurbel bedienen müsste, um die Fakten für andere als die erfassten Zeiten zu ermitteln. Man kann sich kaum etwas vorstellen, was uninteressanter wäre oder in krasserem Gegensatz zur leidenschaftlichen Begeisterung über unvollständige Entdeckungen stünde. Es wäre wie einen hohen Berg zu erklimmen, um auf dem Gipfel nichts anderes zu finden als ein Restaurant, in dem Ingwerbier verkauft wird, nebelumhüllt, aber mit einer Funkverbindung ausgestattet. Zu Zeiten des Ahmes war vermutlich das Einmaleins eine aufregende Sache.

Der Mensch ist Bestandteil dieser an sich uninteressanten physischen Welt. Sein Körper besteht wie jede andere Materie aus Elektronen und Protonen, die, soweit wir wissen, denselben Gesetzen gehorchen wie jene, die keine Tiere oder Pflanzen bilden. Manche behaupten, die Physiologie lasse sich niemals auf das Physische reduzieren, aber ihre Argumente sind nicht sehr überzeugend, und vorsichtshalber sollten wir davon ausgehen, dass sie irren. Was wir unsere »Gedanken« nennen, scheint in gleicher Weise von organisierten Bahnen im Gehirn abzuhängen, wie das Reisen von Straßen- oder Schienennetzen abhängt. Die zum Denken verwendete Energie scheint einen chemischen Ursprung zu haben; durch Jodmangel zum Beispiel kann ein kluger Mensch verblöden. Mentale Phänomene scheinen mit der materiellen Struktur zusammenzuhängen. Wenn dem so ist, können wir nicht annehmen, ein einzelnes Elektron oder Proton vermöge zu »denken«; wir könnten ebenso gut erwarten, ein einzelnes Individuum trüge ein Fußballspiel aus. Wir können auch nicht annehmen, das Denken eines Individuums überlebe den körperlichen Tod, da dieser die Organisation des Gehirns zerstört und die leitende Energie der Gehirnbahnen verpuffen lässt.

Gott und Unsterblichkeit, die zentralen Dogmen der christlichen Religion, finden keine Unterstützung in der Wissenschaft. Man kann nicht sagen, auch nur eins von beiden sei wesentlich für die Religion schlechthin, denn der Buddhismus kennt weder das eine noch das andere. (In Hinblick auf die Unsterblichkeit mag diese Feststellung in einer unqualifizierten Form irreführend sein, doch letztendlich ist sie richtig.) Wir im Westen aber haben uns daran gewöhnt, sie als irreduzible Minimalia der Theologie zu betrachten. Zweifellos werden die Menschen diesen Glauben auch weiterhin hegen, weil er angenehm ist, ebenso angenehm wie die Vorstellung, wir selber seien tugendhaft und unsere Feinde bösartig. Ich für meinen Teil allerdings sehe weder einen Grund für das eine noch für das andere. Ich behaupte nicht, beweisen zu können, dass es keinen Gott gibt. Ich kann auch nicht beweisen, dass der Teufel eine Fiktion ist. Der christliche Gott mag existieren; desgleichen mögen es die Götter des Olymp, des alten Ägypten oder die Götter von Babylon. Aber keine dieser Hypothesen ist wahrscheinlicher als die andere: Sie liegen außerhalb der Region jedes auch nur mutmaßlichen Wissens, und darum gibt es keinen Grund, auch nur eine davon zu erwägen. Weiter möchte ich nicht auf diese Frage eingehen; ich habe mich an anderer Stelle damit beschäftigt.[2]

Die Frage der persönlichen Unsterblichkeit steht auf anderen Fundamenten. Hier sind Beweise für und wider möglich. Personen gehören zur Alltagswelt, mit der sich die Wissenschaft befasst, und die Bedingungen, die ihre Existenz bestimmen, sind erforschbar. Ein Wassertropfen ist nicht unsterblich; er lässt sich in Sauerstoff und Wasserstoff zerlegen. Sollte ein Wassertropfen also behaupten, er besitze eine wässrige Eigenschaft, wäre Skepsis angebracht. Entsprechend wissen wir, dass das Gehirn nicht unsterblich ist, und dass die organisierte Energie eines lebenden Körpers durch den Tod gewissermaßen demobilisiert wird und daher nicht mehr für gemeinschaftliches Handeln zur Verfügung steht. Alles spricht dafür, dass das, was wir als unser Geistesleben betrachten, von Gehirnstrukturen und organisierter Körperenergie abhängt. Folglich ist es vernünftig anzunehmen, das Geistesleben ende, wenn das körperliche Leben endet: Ein Argument, das sich nur aus der Wahrscheinlichkeit ergibt, aber ebenso stark ist wie jene, auf denen die meisten wissenschaftlichen Ergebnisse beruhen.

Es gibt unterschiedliche Begründungen, diese Schlussfolgerung anzugreifen. Die parapsychologische Forschung beteuert, tatsächlich wissenschaftliche Beweise für ein Überleben zu haben, und zweifellos ist ihr Vorgehen im Prinzip wissenschaftlich korrekt. Derartige Beweise könnten so überwältigend sein, dass niemand, der sich der

2 Siehe Bertrand Russell, *A Critical Exposition of the Philosophy of Leibniz*, 1900, Kap. XV.

Wissenschaft verpflichtet hat, sie zurückweisen würde. Welches Gewicht ihnen beizumessen ist, hängt jedoch von der bereits bestehenden Wahrscheinlichkeit der Hypothese des Überlebens ab. Es gibt immer verschiedene Möglichkeiten, bestimmte Phänomene zu erklären, und unter ihnen sollten wir diejenige bevorzugen, die vergleichsweise am wenigsten unwahrscheinlich ist. Wer es sowieso für wahrscheinlich hält, dass wir den Tod überleben, wird nämliche Theorie für die beste Erklärung übernatürlicher Phänomene halten. Wer sie aber aus anderen Gründen unglaubwürdig findet, wird andere Erklärungen suchen. Was mich betrifft, so halte ich die bislang von der parapsychologischen Forschung erbrachten Beweise zugunsten des Überlebens für wesentlich schwächer als die physiologischen Beweise auf der anderen Seite. Aber ich gebe gern zu, dass sie jederzeit stärker werden können, und in diesem Fall wäre es unwissenschaftlich, nicht ans Überleben zu glauben.

Den körperlichen Tod zu überleben ist jedoch etwas anderes als Unsterblichkeit: Es könnte nur eine Aufschiebung des psychischen Todes bedeuten. Das, woran die Menschen glauben möchten, ist Unsterblichkeit. Unsterblichkeitsgläubige werden physiologischen Argumenten, wie ich sie angeführt habe, mit der Begründung widersprechen, Körper und Seele seien vollkommen verschieden, und die Seele sei etwas ganz anderes als deren empirische Äußerungen mittels unserer Körperorgane. Ich halte das für metaphysischen Aberglauben. Sowohl Geist als auch Materie sind bequeme Ausdrücke für bestimmte Zwecke, aber keine letzten Realitäten. Elektronen und Protonen sind, wie die Seele, logische Fiktionen;

in Wirklichkeit stellt jedes eine Geschichte im Sinne einer Reihe von Ereignissen dar, keine in sich beständige Einheit. Im Fall der Seele wird das anhand der Tatsache des Wachstums deutlich. Niemand, der Empfängnis, Schwangerschaft und Kindheit bedenkt, kann allen Ernstes glauben, die Seele sei ein unteilbares Etwas, das diesen Prozess als vollendetes Ganzes durchlaufe. Es ist offensichtlich, dass sie wie der Körper wachsen muss und von beidem stammt, dem Sperma und dem Ei, also nicht unteilbar sein kann. Das ist kein Materialismus: Es ist nur die Anerkennung dessen, dass alles Interessante eine Frage der Organisation, nicht der ursprünglichen Substanz ist.

Die Metaphysiker haben zahllose Argumente vorgebracht, um zu beweisen, dass die Seele unsterblich sein müsse. Es gibt eine einfache Probe, an der all diese Argumente scheitern. Sie alle beweisen gleichermaßen, dass die Seele den ganzen Raum durchwalten muss. Da wir aber nicht so sehr darum besorgt sind, dick zu sein, als vielmehr lange zu leben, hat keiner der besagten Metaphysiker diese Wendung ihrer Argumentation je bemerkt. Das ist ein Beispiel für die erstaunliche Macht des Wunsches, auch die fähigsten Denker blind zu machen gegenüber Fehlschlüssen, die sonst ins Auge sprängen. Hätten wir keine Angst vor dem Tod, so glaube ich nicht, dass die Idee der Unsterblichkeit je aufgekommen wäre.

Angst ist die Grundlage religiöser Dogmen wie so vieler anderer Dinge im menschlichen Dasein. Die Angst vor anderen Menschen, individuell oder kollektiv, beherrscht einen großen Teil unseres gesellschaftlichen Lebens, aber es ist die Angst vor der Natur, die zur Religion führt. Wie wir gesehen haben, ist die Antithese von Geist und Materie mehr oder weniger illusorisch; es gibt jedoch eine andere, wichtigere Antithese – nämlich die zwischen Dingen, die durch unsere Wünsche beeinflusst werden können, und Dingen, die nicht derart beeinflussbar sind. Die Grenze zwischen beiden ist weder scharf noch unbeweglich – mit dem Fortschritt der Wissenschaft werden immer mehr Dinge unter menschliche Kontrolle gebracht. Dennoch bleibt manches definitiv auf der anderen Seite. Darunter all die *großen* Gegebenheiten unserer Welt, jene Art von Fakten, mit denen sich die Astronomie befasst. Nur Gegebenheiten auf oder nahe der Erdoberfläche können wir in gewissem Maße so gestalten, dass sie unseren Wünschen entsprechen. Und selbst auf der Oberfläche der Erde ist unsere Macht sehr begrenzt. Vor allem können wir den Tod nicht verhindern, auch wenn es uns oft gelingt, ihn hinauszuzögern.

Religion ist ein Versuch, diese Antithese zu überwinden. Wenn die Welt von Gott gelenkt wird und Gott sich durch unsere Gebete bewegen lässt, erlangen wir ein Stückchen Allmacht. Früher geschahen Wunder als Antwort auf Gebete; in der katholischen Kirche geschehen sie noch heute, aber die Protestanten haben diese Macht verloren. Allerdings ist es möglich, auch ohne Wunder auszukommen, da der Ratschluss der Vorsehung es will, dass die Wirkung der Naturgesetze die bestmöglichen Ergebnisse erziele. So dient der Glaube an Gott noch immer dazu, das Reich der Natur zu vermenschlichen und den Menschen das Gefühl zu geben, die physikalischen Kräfte seien tatsächlich ihre Verbündeten. In ähnlicher Weise nimmt die Unsterblichkeit dem Tod seinen Schrecken. Von denen, die daran glauben, in die ewige Seligkeit einzugehen, wenn sie sterben, kann man erwarten, dass sie dem Tod ohne Schrecken entgegensehen, obwohl dem, zum Glück für die Ärzte, nicht immer so ist. Trotzdem mildert es die Ängste ein wenig, auch wenn es sie nicht ganz vertreibt.

Da Religion ihren Ursprung im Schrecken hat, war sie darauf bedacht, bestimmten Ängsten Würde zu verleihen und die Menschen glauben zu machen, es sei nichts Schändliches daran. Damit hat sie der Menschheit einen Bärendienst erwiesen: *Jegliche* Angst ist schlecht. Ich glaube, dass ich verrotten werde, wenn ich einmal sterbe, und dass nichts von meinem Ich überlebt. Ich bin nicht mehr jung und liebe das Leben. Aber ich fände es unwürdig, beim Gedanken an die Vernichtung vor Schrecken zu zittern. Glück ist nicht weniger wahres Glück, weil es einmal enden muss, noch verlieren das Denken und die Liebe deshalb ihren Wert, weil sie nicht ewig währen. Manch einer hat stolz das Schafott ertragen; der gleiche Stolz sollte uns wohl lehren, ehrlich über die Stellung des Menschen in der Welt nachzudenken. Auch wenn uns die offenen Fenster der Wissenschaft nach der gemütlichen Wärme im Innenraum traditioneller, vermenschlichender Mythen frösteln lassen, bringt die frische Luft am Ende neue Kraft und die weiten Räume bekommen ihren eigenen Glanz.

Die Naturphilosophie ist eine Sache, die Wertphilosophie eine ganz andere. Sie zu verwechseln kann nur Unheil bringen. Was wir für gut halten, was uns gefallen würde, hat keinerlei Bedeutung für das, was ist und worauf sich die Frage der Naturphilosophie bezieht. Andererseits kann uns nicht verboten werden, dies oder jenes zu bewerten, nur weil die nichtmenschliche Welt es nicht bewertet, noch können wir gezwungen werden, etwas zu bewundern, nur weil es ein »Naturgesetz« ist. Zweifellos sind wir Bestandteil der Natur, die unsere Wünsche, unsere Hoffnungen und Ängste in Übereinstimmung mit Gesetzen hervorgebracht hat, die der Physiker gerade zu entdecken beginnt. In diesem Sinne sind wir Bestandteil der Natur, der Natur unterworfen, das Ergebnis von Naturgesetzen und auf lange Sicht deren Opfer.

Die Naturphilosophie darf nicht übermäßig irdisch werden; für sie ist die Erde nur einer der kleineren Planeten eines kleineren Sterns der Milchstraße. Es wäre lächerlich, die Naturphilosophie auf Ergebnisse zurechtzubiegen, die den winzigen Parasiten dieses unbedeutenden Planeten gefallen. Diesbezüglich lassen der Vitalismus als Philosophie und der Evolutionismus jeden Sinn für Proportionen oder logische Relevanz vermissen. Sie betrachten die für uns persönlich interessanten Tatsachen des Lebens, als hätten sie kosmische Bedeutung und wären nicht auf die Erdoberfläche beschränkt. Optimismus und Pessimismus im Sinne kosmischer Philosophien zeigen die gleiche naive Menschlichkeit; doch die große Welt, soweit wir sie von der Naturphilosophie kennen, ist weder gut noch böse und schert sich nicht darum, uns glücklich oder unglücklich zu machen. Alle derartigen Theorien entspringen der Selbstherrlichkeit des Menschen, und ein bisschen Astronomie dürfte wohl das Beste sein, um sie zu korrigieren.

In der Wertphilosophie hingegen sind die Verhältnisse umgekehrt. Die Natur ist nur ein Teil dessen, was wir uns vorstellen können; alles, ob real oder imaginär, kann von uns bewertet werden, und kein äußerer Maßstab zeigt an, ob unsere Einschätzung falsch ist. Wir selbst sind die obersten und unanfechtbaren Gebieter des Werts, und im Reich der Werte ist die Natur lediglich ein Teil. Hier sind wir also größer als die Natur. Im Reich der Werte ist die Natur als solche neutral, weder gut noch böse, weder zu bewundern noch zu tadeln. Wir sind es, die Wert schaffen, und es sind unsere Wünsche, die Wert verleihen. In diesem Reich sind wir König und erniedrigen unser Königtum, wenn wir uns der Natur unterwerfen. Es ist unsere Sache, das gute Leben zu bestimmen, nicht Sache der Natur – auch nicht der in Gott verkörperten Natur.

2. Das gute Leben

Zu verschiedenen Zeiten und in verschiedenen Bevölkerungen hat es die vielfältigsten Auffassungen vom guten Leben gegeben. In gewissem Maße waren die Unterschiede Argumenten zugänglich, nämlich dann, wenn die Menschen sich nicht einig waren, mit welchen Mitteln ein gegebenes Ziel zu erreichen sei. Manche denken, Gefängnis sei ein gutes Mittel, um Verbrechen zu verhindern; andere halten Erziehung für besser. Solche Unterschiede können durch hinreichende Beweise geklärt werden. Andere hingegen lassen sich nicht auf diese Weise prüfen. Tolstoi verurteilte den Krieg; andere erachteten das Leben eines Soldaten, der für das Rechte kämpft, als besonders edel. Hier ging es offenbar um einen wirklichen Unterschied in der Zielsetzung. Diejenigen, die den Soldaten rühmen, halten die Bestrafung von Sündern gewöhnlich per se für eine gute Sache; Tolstoi glaubte das nicht. Für solche Dinge gibt es keine Argumente. Ich kann daher nicht beweisen, dass meine Sicht des guten Lebens richtig ist; ich kann sie nur darlegen und hoffen, dass möglichst viele zustimmen. Meine Sicht ist diese:

Das gute Leben ist eines, das von Liebe inspiriert und von Wissen geleitet wird.

Wissen und Liebe, beide sind unbegrenzt ausdehnbar; so gut ein Leben auch sein mag, kann man sich immer ein noch besseres vorstellen. Weder Liebe ohne Wissen noch Wissen ohne Liebe können ein gutes Leben schaffen. Wenn im Mittelalter in einem Land die Pest ausbrach, riefen Gottesmänner die Bevölkerung auf, sich in Kirchen zu versammeln und um Errettung zu beten; die Folge war, dass sich die Seuche mit außerordentlicher Geschwindigkeit unter den zusammengedrängten Massen der Betenden verbreitete. Das ist ein Beispiel für Liebe ohne Wissen. Der letzte Krieg liefert ein Beispiel für Wissen ohne Liebe. In beiden Fällen war das Ergebnis massenhafter Tod.

Obwohl Liebe und Wissen beide notwendig sind, ist Liebe in gewisser Weise fundamentaler, weil sie intelligente Menschen veranlassen wird, nach Wissen zu streben, um herauszufinden, was denen, die sie lieben, nützen kann. Weniger intelligente Menschen hingegen werden sich damit begnügen, zu glauben, was ihnen gesagt worden ist, und können trotz ehrlichen Wohlwollens Schaden anrichten. Die Medizin liefert vielleicht das beste

Beispiel dafür, was ich meine. Ein fähiger Arzt ist einem Patienten nützlicher als der ergebenste Freund, und Fortschritte im medizinischen Wissen tragen mehr zur Gesundheit der Gemeinschaft bei als Philanthropie mit mangelndem Sachverstand. Dennoch ist auch hier ein Element von Wohlwollen wesentlich, damit nicht nur die Reichen von wissenschaftlichen Entdeckungen profitieren.

Liebe ist ein Wort, das eine Vielfalt von Gefühlen abdeckt; ich benutze es absichtlich, weil ich sie alle einbeziehen möchte. Liebe als Emotion – davon spreche ich, denn Liebe »aus Prinzip« scheint mir nicht echt zu sein – bewegt sich zwischen zwei Polen: hier reine Freude an der Kontemplation, dort reines Wohlwollen. Sofern es um unbelebte Objekte geht, kommt nur Freude ins Spiel; wir können kein Wohlwollen gegenüber einer Landschaft oder einer Sonate empfinden. Diese Art von Genuss ist vermutlich die Quelle künstlerischer Schöpfung. In der Regel ist sie bei kleinen Kindern stärker ausgeprägt als bei Erwachsenen, die fähig sind, Objekte in einem utilitaristischen Geist zu sehen. Sie spielt eine große Rolle bei unseren Gefühlen gegenüber Mitmenschen, von denen manche Charme haben und andere das Gegenteil, so sie denn als Objekte rein ästhetischer Betrachtung gelten.

Der entgegengesetzte Pol der Liebe ist reines Wohlwollen. Menschen haben ihr Leben geopfert, um Leprakranken zu helfen; in solchen Fällen kann die empfundene Liebe kein Element von ästhetischer Freude gehabt haben. Elterliche Zuneigung geht in der Regel mit Entzücken über das Aussehen des Kindes einher, bleibt aber auch dann stark, wenn dieses Element vollkommen fehlt.

Es klänge seltsam, das Interesse einer Mutter für ihr krankes Kind »Wohlwollen« zu nennen, weil wir die Gewohnheit haben, dieses Wort für ein seichtes Gefühl zu gebrauchen, das zu neunzig Prozent Humbug ist. Aber es ist schwierig, ein anderes Wort zu finden, um den Wunsch zu beschreiben, dass es einer anderen Person wohlergehen möge. Tatsache ist, dass ein solcher Wunsch im Fall elterlicher Gefühle jeden Stärkegrad erreichen kann; es könnte sogar gut möglich sein, dass jede altruistische Regung eine Art überschäumendes Elterngefühl oder manchmal dessen Sublimierung ist. In Ermangelung eines treffenderen Wortes werde ich dieses Gefühl also »Wohlwollen« nennen. Aber ich möchte klarstellen, dass ich von einer Emotion spreche, nicht von einem Prinzip, und dass ich keine Spur von Überlegenheitsgefühl, wie es manchmal mit dem Wort verbunden wird, damit verbinde. Das Wort »Mitgefühl« drückt teilweise aus, was ich meine, lässt aber das aktive Element, das ich einbeziehen möchte, außer Acht.

Liebe in ihrer vollsten Bedeutung ist eine unauflösliche Kombination beider Elemente, sich freuen und Gutes wünschen. Die elterliche Freude an einem schönen und erfolgreichen Kind enthält eine solche Verbindung; desgleichen sexuelle Liebe in ihrer besten Form. Doch bei sexueller Liebe wird es Wohlwollen nur dann geben, wenn der Besitz gesichert ist, da es sonst durch Eifersucht zerstört wird, während die Freude an der Betrachtung womöglich steigt. Freude ohne Gutes zu wünschen kann grausam sein; Gutes wünschen ohne sich zu freuen wird leicht kühl und etwas überheblich. Jemand, der geliebt werden will, wünscht sich, Objekt einer Liebe zu sein, die beide Elemente enthält, außer in Situationen extremer Schwäche wie etwa in der Kindheit oder bei schwerer Krankheit. In solchen Fällen mag nichts als Wohlwollen erwünscht sein. Umgekehrt ist in Situationen extremer Stärke mehr Bewunderung erwünscht als Wohlwollen: Das kennzeichnet die Geistesverfassung von Potentaten und berühmten Schönheiten. Nach den guten Wünschen anderer verlangen wir nur in dem Maße, in dem wir uns hilfsbedürftig fühlen oder fürchten, dass sie uns schaden könnten. Das erschiene zumindest als die biologische Logik der Dinge, aber es entspricht nicht ganz dem wahren Leben. Wir wünschen uns Zuneigung, um dem Gefühl von Einsamkeit zu entrinnen, um – wie wir zu sagen pflegen – »verstanden« zu werden. Das ist eine Sache des Mitgefühls, nicht allein des Wohlwollens; die Person, deren Zuneigung uns guttut, darf uns nicht nur Wohlergehen wünschen, sie muss auch wissen, worin unser Glück besteht. Aber das gehört zum anderen Element des guten Lebens, namentlich dem Wissen.

In einer vollkommenen Welt wäre jedes fühlende Wesen das Objekt der vollen Liebe jedes anderen, das heißt, einer untrennbaren Mischung aus Freude, Wohlwollen und Verständnis. Daraus folgt nicht, dass wir in unserer jetzigen Welt versuchen sollten, solche Empfindungen für alle fühlenden Wesen zu haben, denen wir begegnen. Es gibt viele, an denen wir uns nicht erfreuen können, weil sie widerwärtig sind; täten wir unserer Natur Gewalt an, indem wir versuchten, Schönheiten in ihnen zu sehen, stumpfte nur unsere Empfänglichkeit für das ab, was wir von Natur aus schön finden. Ganz abgesehen von menschlichen Wesen gibt es Flöhe, Wanzen und Läuse. Wir müssten schon in Bedrängnis geraten wie der alte Seemann in der Ballade, um uns an der beschaulichen Betrachtung solcher Biester zu erfreuen. Es ist wahr, einige Heilige haben sie »Gottesperlen« genannt; aber was diese Männer so erfreute, war die Gelegenheit, ihre eigene Heiligkeit zur Schau zu stellen.

Wohlwollen lässt sich leichter weit ausdehnen, aber auch Wohlwollen hat seine Grenzen. Ein Mann, der eine Frau heiraten möchte, sollte nicht deshalb in unserer Achtung steigen, weil er sich zurückzieht, wenn er merkt, dass ein anderer sie ebenfalls zur Frau begehrt: Wir sollten dies als einen Bereich des fairen Wettbewerbs betrachten. Im Übrigen kann der Betreffende für seinen Rivalen kein *schieres* Wohlwollen empfinden. Ich glaube, bei allen Beschreibungen des guten Lebens hier auf Erden müssen wir eine gewisse Basis von animalischer Vitalität und Triebhaftigkeit voraussetzen; ohne sie wäre das Leben fade und uninteressant. Die Kultur sollte etwas sein, was dieser Basis hinzugefügt wird, nicht was sie ersetzt; der asketische Heilige und der abgeklärte Weise verfehlen insoweit den Anspurch, vollständige Menschen zu sein. In kleiner Zahl mögen sie die Gemeinschaft bereichern; aber eine nur aus ihnen zusammengesetzte Welt würde vor Langeweile sterben.

Diese Überlegungen führen zu einer gewissen Betonung des Elements der Freude als Ingredienz der besten Liebe. In der heutigen Welt ist Freude unvermeidlich selektiv und hindert uns daran, die gleichen Gefühle für die gesamte Menschheit zu empfinden. Wenn Konflikte zwischen Freude und Wohlwollen aufkommen, werden sie in der Regel durch einen Kompromiss gelöst, nicht durch vollständige Aufgabe des einen oder anderen. Der Trieb fordert seine Rechte, und wenn wir ihm über ein gewisses Maß hinaus Gewalt antun, wird er sich auf subtile Weise rächen. Deshalb müssen im Streben nach einem guten Leben die Grenzen des Menschenmöglichen berücksichtigt werden. Damit aber wären wir wieder bei der Notwendigkeit des Wissens.

Wenn ich von Wissen als Ingredienz des guten Lebens spreche, denke ich nicht an ethisches Wissen, sondern vielmehr an das der Wissenschaft und die Kenntnis bestimmter Sachverhalte. Streng genommen glaube ich nicht, dass es so etwas wie ethisches Wissen überhaupt gibt. Wenn wir ein bestimmtes Ziel erreichen wollen, mag Wissen uns Mittel und Wege erschließen, und dieses Wissen mag im weitesten Sinne als ethisch gelten. Aber ich glaube nicht, dass wir entscheiden können, welches Verhalten richtig oder falsch ist, es sei denn in Hinblick auf seine wahrscheinlichen Konsequenzen. Angesichts eines Ziels, das erreicht werden soll, ist es Sache der Wissenschaft, den Weg dorthin zu entdecken. Alle moralischen Regeln müssen daraufhin geprüft und untersucht werden, ob sie geeignet sind, zur Verwirklichung dessen beizutragen, was wir wünschen. Ich sage dessen, was wir wünschen, nicht dessen, was wir wünschen »sollten«. Was wir wünschen »sollten« ist nur das, was jemand anders will, dass wir es wünschten. Gewöhnlich ist es das, was die Obrigkeiten als unsere Wünsche sehen wollen – Eltern, Lehrer, Polizisten, Richter. Wenn du zu mir sagst, »du solltest dies oder jenes tun«, liegt die Triebkraft deiner Bemerkung in meinem Wunsch nach deiner Anerkennung – womöglich verbunden mit Belohnungen oder

Strafen, die an deine Anerkennung oder Ablehnung gebunden sind. Da jedes Verhalten Wünschen entspringt, ist es klar, dass ethische Vorstellungen nicht von Bedeutung sein können, außer wenn sie die Wünsche selbst beeinflussen. Dafür bedient man sich des Wunsches nach Anerkennung und der Angst vor Ablehnung. Dies sind mächtige gesellschaftliche Kräfte, und wir müssen uns natürlich bemühen, sie auf unsere Seite zu bringen, um ein gesellschaftliches Wunschvorhaben zu verwirklichen. Wenn ich sage, die Moral eines Verhaltens sei nach dessen wahrscheinlichen Konsequenzen zu beurteilen, meine ich, dass ich Anerkennung für ein Verhalten finden möchte, das zur Verwirklichung der von uns gewünschten gesellschaftlichen Vorhaben beiträgt, und auf Ablehnung des gegenteiligen Verhaltens hoffe. Im Augenblick wird das nicht so gehandhabt; es gibt gewisse tradierte Regeln, nach denen Anerkennung und Ablehnung ganz unabhängig von den Konsequenzen erteilt werden. Aber das ist ein Thema, mit dem wir uns im nächsten Abschnitt beschäftigen wollen.

Die Überflüssigkeit theoretischer Ethik lässt sich anhand einfacher Beispiele verdeutlichen. Nehmen wir etwa an, dein Kind sei krank. Aus Liebe hast du den Wunsch, es zu heilen, und die Wissenschaft sagt dir, was dafür zu tun sei. Es gibt kein Zwischenstadium ethischer Theorie, in dem aufgezeigt würde, dass dein Kind besser geheilt werden sollte. Dein Handeln entspringt unmittelbar dem Wunsch, unter Zuhilfenahme des Wissens um die Mittel ein bestimmtes Ziel zu erreichen. Das trifft gleichermaßen auf jedes Handeln zu, ob gut oder schlecht. Die Ziele unterscheiden sich, und das Wissen ist in manchen

Fällen hilfreicher als in anderen. Aber es gibt keine vorstellbare Möglichkeit, Menschen Dinge tun zu lassen, die sie nicht zu tun wünschen. Möglich ist nur, ihre Wünsche durch ein System von Belohnung und Strafe zu verändern, wobei gesellschaftliche Anerkennung oder Ablehnung nicht die wirkungslosesten sind. Die Frage für den gesetzgebenden Moralisten ist daher: Wie muss das System von Belohnung und Strafe funktionieren, damit es ein Maximum dessen garantiert, was die gesetzgebende Gewalt wünscht. Wenn ich sage, die gesetzgebende Gewalt habe schlechte Wünsche, meine ich lediglich, dass ihre Wünsche denen eines Teils der Gemeinschaft, der ich angehöre, widersprechen. Außerhalb menschlicher Wünsche gibt es keinen moralischen Maßstab.

Was Ethik von Wissenschaft unterscheidet, ist also keine besondere Art des Wissens, sondern allein der Wunsch. Das Wissen, dessen sich die Ethik bedient, ist genauso geartet wie jedes andere; das Besondere besteht darin, dass bestimmte Ziele die Wunschvorstellung abgeben und der Weg, um sie zu erreichen, richtiges Verhalten ist. Wenn die Definition von richtigem Verhalten breite Anerkennung finden soll, müssen die Ziele natürlich dem entsprechen, was große Teile der Menschheit wünschen. Wollte ich richtiges Verhalten als das definieren, was mein persönliches Einkommen erhöht, wäre mir die Ablehnung der Leserschaft gewiss. Die ganze Wirksamkeit jedes ethischen Arguments liegt in seinem wissenschaftlichen Gehalt, wie etwa dem Beweis, dass bestimmte Verhaltensweisen eher geeignet sind als andere, um einen weithin gewünschten Zustand zu erreichen. Ich unterscheide jedoch zwischen ethischem Argument und ethischer Erziehung. Letztere zielt darauf ab, gewisse Wünsche zu stärken und andere zu schwächen. Das ist ein ganz anderer Vorgang, der in einem späteren Abschnitt gesondert behandelt werden soll.

Wir können den Sinn der Definition des guten Lebens, mit der dieses Kapital begann, nun genauer fassen. Wenn ich sagte, das gute Leben bestehe in von Wissen geleiteter Liebe, so entsprang das meinem Wunsch, soweit als möglich ein solches Leben zu leben und es andere leben zu sehen; der logische Inhalt der Aussage besteht darin, dass in einer Gemeinschaft, in der die Menschen dieser Lebensweise folgen, mehr Wünsche befriedigt werden als dort, wo es weniger Liebe oder weniger Wissen gibt. Ich meine nicht, dass ein solches Leben »tugendhaft« oder sein Gegenteil »sündig« sei, weil das Begriffe sind, die mir keine wissenschaftliche Rechtfertigung zu haben scheinen.

3. Moralische Regeln

Die praktische Notwendigkeit von Moral ergibt sich aus dem Konflikt widersprüchlicher Wünsche, sei es verschiedener Menschen oder ein und derselben Person zu verschiedenen Zeiten, oder sogar gleichzeitig. Ein Mann hat Lust zu trinken, möchte aber auch für die Arbeit am nächsten Morgen in Form sein. Wir halten ihn für unmoralisch, wenn er den Kurs einschlägt, der ihm insgesamt die geringere Befriedigung seiner Wünsche einbringt. Wir denken schlecht von Menschen, die zügellos oder leichtsinnig sind, auch wenn sie niemandem schaden außer sich selbst. Bentham meinte, die ganze Sache der

Moral lasse sich aus »aufgeklärtem Selbstinteresse« ableiten und jemand, der stets mit Blick auf seine eigene maximale Befriedigung handele, werde letztlich immer richtig handeln. Ich kann diese Sicht nicht akzeptieren. Es hat Tyrannen gegeben, denen es ein köstliches Vergnügen war, sich Folterungen anzusehen; ich kann solche Männer nicht rühmen, wenn Besonnenheit sie dazu veranlasste, das Leben ihrer Opfer in der Aussicht auf weitere Qualen am nächsten Tag zu schonen. Trotzdem, unter sonst gleichen Bedingungen ist Besonnenheit ein Teil des guten Lebens. Sogar Robinson Crusoe hatte Gelegenheit, Fleiß, Selbstbeherrschung und Voraussicht zu üben, die als moralische Werte betrachtet werden müssen, weil sie seine Befriedigung insgesamt erhöhten, ohne deshalb anderen zu schaden. Dieser Teil der Moral spielt eine große Rolle bei der Unterweisung von Kleinkindern, die kaum geneigt sind, an die Zukunft zu denken. Würde er im späteren Leben mehr angewandt, wäre die Welt wohl bald ein Paradies, denn schon das würde völlig genügen, um Kriege zu verhindern, die ein Werk der Leidenschaft sind, nicht der Vernunft. Dennoch, trotz ihrer Bedeutung ist Besonnenheit weder der interessanteste Teil der Moral noch derjenige, der intellektuelle Probleme aufwirft, da sie sich auf nichts zu berufen braucht, was über das Selbstinteresse hinausgeht.

Jener Teil der Moral, der nicht in Besonnenheit enthalten ist, entspricht im Wesentlichen der Gesetzgebung oder den Regeln eines Vereins. Es ist eine Methode, Menschen in die Lage zu versetzen, trotz der Möglichkeit konfligierender Wünsche in einer Gemeinschaft zusammenzuleben. Hier aber sind wiederum zwei ganz verschiedene

Methoden möglich. Es gibt die der Strafgesetzgebung, die auf eine rein äußerliche Harmonie abzielt, indem Handlungen, welche die Wünsche anderer auf eine bestimmte Art durchkreuzen, mit unangenehmen Konsequenzen verbunden werden. So funktioniert auch die Methode der gesellschaftlichen Missbilligung: Dass die eigene Gesellschaft schlecht von einem denkt, ist eine Form von Bestrafung, um die zu vermeiden die meisten vermeiden, dass jemand davon erfährt, wenn sie gegen den Kodex ihrer Umgebung verstoßen. Aber es gibt eine andere Methode, die grundlegender und im Erfolgsfall weitaus befriedigender ist. Sie besteht darin, den Charakter und die Wünsche der Menschen so zu verändern, dass die Anlässe für Konflikte auf ein Minimum reduziert werden, indem der Erfolg dessen, was der eine wünscht, so weit als möglich in Einklang mit dem eines anderen gebracht wird. Das ist der Grund, warum Liebe besser ist als Hass, weil sie Harmonie anstelle von Konflikten in die Wünsche der betreffenden Person bringt. Zwei Menschen, die Liebe füreinander empfinden, haben gemeinsam Erfolg oder Misserfolg, so aber zwei sich hassen, ist der Erfolg des einen der Misserfolg des anderen.

Wenn es richtig war zu sagen, das gute Leben sei von Liebe inspiriert und von Wissen geleitet, dann ist klar, dass der Moralkodex einer Gemeinschaft kein endgültiges und sich selbst genügendes System sein kann, sondern daraufhin untersucht werden muss, ob er so beschaffen ist, wie Weisheit und Wohlwollen ihn erlassen hätten. Moralkodexe waren nicht immer fehlerfrei. Die Azteken hielten es für ihre traurige Pflicht, aus Angst, das Licht der Sonne werde sich verdunkeln, Menschenfleisch zu essen. Sie irrten in ihrer Wissenschaft; und vielleicht wäre der wissenschaftliche Irrtum ihnen aufgefallen, wenn sie auch nur die geringste Liebe für die Geopferten empfunden hätten. Manche Stämme schließen Mädchen vom zehnten bis zum siebzehnten Lebensjahr in Dunkelheit ein – aus Angst, dass Sonnenstrahlen sie schwängern könnten. Aber gewiss enthalten unsere modernen Moralkodexe nichts, was mit diesen wilden Bräuchen vergleichbar wäre! Gewiss verbieten wir nur Dinge, die wirklich schaden oder jedenfalls so abscheulich sind, dass kein anständiger Mensch sie rechtfertigen könnte! Ich bin da nicht so sicher.

Die herrschende Moral ist eine seltsame Mischung aus Utilitarismus und Aberglauben, doch der abergläubische Teil hat die Menschen fester im Griff, was ja schließlich auch naheliegt, da Aberglaube der Ursprung moralischer Regeln ist. Ursprünglich glaubte man, bestimmte Handlungen erregten das Missfallen der Götter, und verbot sie per Gesetz, weil der göttliche Zorn fähig war, auf die Gemeinschaft niederzugehen und nicht nur auf die schuldigen Individuen. Daraus entstand der Begriff der Sünde als das, was Gott missfällt. Es kann kein Grund genannt werden, warum bestimmte Handlungen ihm dermaßen missfallen sollten; es wäre beispielsweise sehr schwierig zu erklären, warum es sein Missfallen erregte, das Böcklein in seiner Mutter Milch zu kochen. Aber aus der Offenbarung wusste man, dass dem so war. Manchmal werden die göttlichen Gebote auch seltsam ausgelegt. Da heißt es zum Beispiel, wir sollten am Samstag nicht arbeiten, und die Protestanten verstehen das so, dass wir am Sonntag nicht spielen sollten. Trotzdem wird dem neuen Verbot dieselbe erhabene Autorität zuerkannt wie dem alten.

Es ist offensichtlich, dass sich jemand mit einer wissenschaftlichen Vorstellung vom Leben nicht durch Bibeltexte oder Kirchenlehren einschüchtern lässt. Er wird sich nicht damit begnügen, zu sagen: »Dies und jenes ist eine Sündentat, und damit hat sich das.« Er wird nachforschen, ob die jeweilige Tat überhaupt Schaden anrichtet, oder ob nicht vielmehr der Glaube schadet, dass sie eine Sünde sei. Und er wird herausfinden, dass unsere herrschende Moral vor allem in Bezug auf Sexualität vieles enthält, dessen Ursprung rein abergläubisch ist. Er wird auch herausfinden, dass dieser Aberglaube, genau wie bei den Azteken, unnötige Grausamkeit mit sich bringt und hinweggefegt würde, wenn die Menschen von wohlwollenden Gefühlen gegenüber ihren Nächsten geleitet wären. Aber die Anwälte der traditionellen Moral sind selten warmherzige Menschen, wie man an der von kirchlichen Würdenträgern bezeugten Liebe zum Militarismus sieht. Man möchte meinen, sie schätzten die Moral als legitimes Ventil für ihren Wunsch, Schmerzen zuzufügen; der Sünder ist Freiwild, also hinfort mit der Toleranz!

Lassen Sie uns einem gewöhnlichen Menschenleben von der Empfängnis bis zum Grab folgen und die Punkte notieren, wo abergläubische Moralvorschriften vermeidbares Leid zufügen. Ich beginne mit der Empfängnis, weil der Einfluss von Aberglauben hier besonders bemerkenswert ist. Sind die Eltern nicht verheiratet, hat das Kind ein Stigma, so unverdient wie sonst etwas. Leidet ein Elternteil unter einer Geschlechtskrankheit, wird diese sich wahrscheinlich auf das Kind übertragen. Gibt es bereits zu viele Kinder im Verhältnis zum Einkommen der Familie, sind Armut, Unterernährung, räumliche Enge und höchstwahrscheinlich Inzest zu erwarten. Trotzdem stimmt die große Mehrheit der Moralisten darin überein, dass die Eltern besser nicht wissen sollten, wie solches Elend durch Empfängnisverhütung zu vermeiden sei. Diesen Moralisten zuliebe wird Millionen von Menschen, die niemals hätten existieren müssen, ein Leben in Qualen auferlegt, nur weil behauptet wird, Geschlechtsverkehr sei eine Sünde, außer wenn er mit dem Wunsch nach Nachwuchs einhergeht, und keine Sünde, wenn ein solcher Wunsch besteht, obwohl der Nachwuchs nach menschlichem Ermessen sicher zum Elend verurteilt ist. Plötzlich getötet und dann gegessen zu werden, wie es das Schicksal der Azteken-Opfer war, bedeutet ein weitaus geringeres Maß an Leiden, als man es einem Kind zufügt, das in einer elenden Umgebung und mit einer Geschlechtskrankheit geboren wird. Und doch ist es das größere Leid, das Bischöfe und Politiker mit Vorbedacht im Namen der Moral verhängen. Hätten sie auch nur einen Funken Liebe oder Mitleid für Kinder, könnten sie nicht auf einem Moralkodex beharren, der diese teuflische Grausamkeit beinhaltet.

Bei der Geburt und während der frühen Kindheit leidet ein Kind im Durchschnitt mehr aus ökonomischen Gründen denn durch Aberglauben. Wenn gut situierte Frauen Kinder gebären, bekommen sie die besten Ärzte, die besten Schwestern, die beste Kost, die beste Ruhe und die beste Gymnastik. Frauen der Arbeiterklasse genießen solche Vorteile nicht, und oft sterben ihre Kinder aus Mangel. Ein bisschen wird von staatlicher Seite in Form der Mütterfürsorge getan, aber sehr widerstrebend. Zum gleichen Zeitpunkt, da die Milchzuteilung für stillende Mütter kostensparend gesenkt wird, geben die Behörden riesige Summen für die Pflasterung von Straßen in reichen Wohnvierteln aus, wo wenig Verkehr herrscht. Sie müssen wissen, dass sie durch diese Entscheidung eine bestimmte Anzahl von Arbeiterkindern wegen des Verbrechens der Armut zum Tode verurteilen. Trotzdem genießt die Regierungspartei die Unterstützung der überwältigenden Mehrheit der Geistlichen, die sich, mit dem Papst an der Spitze, allenthalben auf der Welt den Großmächten des Aberglaubens verpflichtet haben, soziale Ungerechtigkeit zu fördern.

In allen Phasen der Erziehung ist der Einfluss von Aberglauben verheerend. Ein gewisser Prozentsatz der Kinder hat die Gewohnheit, zu denken; eines der Erziehungsziele besteht darin, sie von dieser Gewohnheit zu heilen. Unbequeme Fragen werden mit »Sei still!« oder mit Bestrafung beantwortet. Das Gemeinschaftsgefühl wird dazu benutzt, ihnen bestimmte Überzeugungen einzuflößen, insbesondere solche nationalistischer Art. In der Erziehung kooperieren Kapitalisten, Militaristen und Geistliche, da ihrer aller Macht auf der Vorherrschaft des Gefühlsmäßigen und der Seltenheit kritischer Urteile beruht. Mithilfe der menschlichen Natur gelingt es der Erziehung, diese Neigungen des Durchschnittsmenschen zu verstärken und tiefer zu verankern.

Eine andere Art und Weise, wie Aberglaube der Erziehung schadet, ist dessen Einfluss auf die Lehrerwahl. Aus wirtschaftlichen Gründen darf eine Lehrerin nicht verheiratet sein; aus moralischen Gründen darf sie keinen außerehelichen Geschlechtsverkehr haben. Und doch weiß jeder, der sich die Mühe gemacht hat, Einblick in die Lehre von psychischen Krankheiten zu gewinnen, dass anhaltende Keuschheit im Allgemeinen äußerst schädlich für Frauen ist, so schädlich, dass man Lehrerinnen in einer gesunden Gesellschaft ernsthaft davor warnen würde. Die auferlegten Einschränkungen führen mehr und mehr dazu, dass energische, unternehmerische Frauen den Lehrerberuf von vornherein ablehnen. Das alles ist dem schleichenden Einfluss abergläubischer Enthaltsamkeit zu danken.

In Mittel- und Oberschichtsschulen sieht die Sache noch schlimmer aus. Dort gibt es regelmäßige Andachten, und die Sorge für die Moral liegt in Pfarrershänden. Pfarrer versagen fast zwangsläufig auf zweierlei Weise als Lehrer der Moral. Sie verurteilen Handlungen, die völlig unschädlich sind, und billigen solche, die großen Schaden anrichten. Sie alle verurteilen sexuelle Beziehungen zwischen unverheirateten Partnern, die ineinander verliebt, aber noch nicht sicher sind, ob sie ihr ganzes Leben zusammenleben möchten. Die meisten von ihnen verurteilen Empfängnisverhütung. Keiner von ihnen verurteilt die Brutalität eines Ehemanns, der seine Frau an zu vielen Schwangerschaften sterben lässt. Ich kannte einen beliebten Pfarrer, dessen Frau in neun Jahren neun Kinder gebar. Die Ärzte sagten ihm, noch ein weiteres, und sie würde sterben. Im nächsten Jahr bekam sie ein weiteres und starb. Niemand verurteilte das: Er behielt seine Pfründe und heiratete wieder. Solange Pfarrer Grausamkeit billigen und unschuldige Freuden verurteilen, richten sie als Sittenwächter der Jugend nur Schaden an.

Eine andere unheilvolle Wirkung des Aberglaubens auf die Erziehung besteht im fehlenden Unterricht zu Sachverhalten der Sexualität. Die wichtigsten physiologischen Fakten sollten ganz einfach und natürlich vor der Pubertät gelehrt werden, zu einer Zeit, in der sie keine Erregung auslösen. Während der Pubertät sollten die Elemente einer von jedem Aberglauben freien Sexualmoral gelehrt werden. Jungen und Mädchen sollten lernen, dass Geschlechtsverkehr durch nichts zu rechtfertigen ist, außer durch wechselseitiges Begehren. Das Gegenteil der Kirchenlehre also, die vertritt, wenn die Partner im Ehestand lebten und der Mann ein weiteres Kind wünsche, sei Geschlechtsverkehr gerechtfertigt, so sehr er der Frau auch widerstrebe. Jungen und Mädchen sollten lernen, die Freiheit des jeweils anderen zu achten; ihnen sollte das Gefühl vermittelt werden, dass nichts einem Menschen Rechte über einen anderen verleiht, dass Eifersucht und Besitzansprüche Liebe töten. Sie sollten lernen, dass es eine sehr ernste Angelegenheit ist, ein neues Menschenwesen in die Welt zu setzen, was nur dann geschehen sollte, wenn das Kind vernünftige Aussichten auf Gesundheit, eine gute Umgebung und elterliche Fürsorge hat. Aber sie sollten auch Methoden der Empfängnisverhütung lernen, um sicherzustellen, dass Kinder nur dann kommen, wenn sie gewollt sind. Schließlich sollten sie sowohl über die Gefahren als auch über Verhütungs- und Heilmethoden von Geschlechtskrankheiten aufgeklärt werden. Die Steigerung menschlichen Glücks, die in dieser Richtung von der Sexualerziehung zu erwarten wäre, ist schier unermesslich.

Es müsste anerkannt werden, dass sexuelle Beziehungen, wenn es keine Kinder gibt, reine Privatsache sind und weder den Staat noch die Nachbarn etwas angehen. Manche Formen von Sex, aus dem keine Kinder hervorgehen, stehen heute unter Strafe: Das ist schierer Aberglaube, da die Sache niemanden betrifft, außer die unmittelbar Beteiligten. Wenn Kinder da sind, ist es ein Fehler anzunehmen, es sei zwangsläufig in deren Interesse, Scheidungen möglichst zu erschweren. Gewohnheitsmäßiges Trinken, Grausamkeit oder Wahnsinn können Gründe sein, die eine Scheidung für das Kindeswohl ebenso notwendig machen wie für das Wohl der Ehefrau oder des Ehemanns. Die besondere Bedeutung, die dem Ehebruch derzeit beigemessen wird, ist vollkommen irrational. Ganz offensichtlich sind viele Formen von Fehlverhalten weitaus tödlicher für das Eheglück als gelegentliche Untreue. Männliches Beharren auf einem Kind pro Jahr, was herkömmlicherweise nicht als Fehlverhalten oder Grausamkeit gilt, ist das tödlichste von allen.

Moralische Regeln dürfen nicht so beschaffen sein, dass sie instinktives Glück unmöglich machen. Doch eben das ist die Folge von strikter Monogamie innerhalb einer Gemeinschaft, in der die beiden Geschlechter zahlenmäßig sehr ungleich vertreten sind. Unter solchen Bedingungen werden die moralischen Regeln natürlich übertreten. Wenn die Regeln nun aber so beschaffen sind, dass ihre Befolgung eine starke Einschränkung des Glücks der Gemeinschaft bedeutet, und wenn es besser erscheint, sie zu übertreten, als sich daran zu halten, dann ist es sicher an der Zeit, die Regeln zu ändern. Geschieht das nicht, werden sich viele, deren Verhalten keineswegs gegen das Allgemeinwohl gerichtet ist, vor die unverdiente

Alternative von Heuchelei oder Schmähungen gestellt sehen. Die Kirche schert sich nicht um Heuchelei, die ihrer Macht schmeichelhaft Tribut zollt; doch anderswo hat man sie als ein Übel erkannt, mit dem nicht zu spaßen ist.

Noch schädlicher als der theologische Aberglaube ist der Aberglaube des Nationalismus von der Pflicht gegenüber dem eigenen Staat und keinem anderen. Aber ich habe nicht vor, hier näher darauf einzugehen, sondern möchte nur hervorheben, dass die Beschränkung auf die eigenen Landsleute dem Prinzip der Liebe widerspricht, das wir als grundlegend für das gute Leben erkannt haben. Sie widerspricht natürlich auch jedem aufgeklärten Selbstinteresse, da sich ein exklusiver Nationalismus nicht einmal für die siegreichen Nationen auszahlt.

Eine weitere Angelegenheit, in der unsere Gesellschaft unter dem theologischen Sündenbegriff leidet, ist die Behandlung von Verbrechern. Die Ansicht, Verbrecher seien »böse« und hätten Bestrafung »verdient«, kann von einer vernunftgeleiteten Moral nicht unterstützt werden. Zweifellos tun manche Menschen Dinge, die unsere Gesellschaft verhindern möchte, und sie tut recht daran, dies nach bestem Vermögen zu versuchen. Nehmen wir Mord als den eindeutigsten Fall. Es liegt auf der Hand, dass wir, wenn eine Gemeinschaft zusammenhalten soll und wir ihre Freuden und Vorteile genießen wollen, den Menschen nicht erlauben können, einander umzubringen, wann immer sie den Impuls dazu verspüren. Aber dieses Problem sollte in einem rein wissenschaftlichen Geist behandelt werden. Wir sollten einfach fragen: Welche ist die beste Methode, Mord zu verhindern? Gibt es zwei gleichermaßen wirksame Methoden, so ist diejenige vorzuziehen, die dem Mörder am wenigsten schadet. Der einem Mörder zugefügte Schaden ist absolut bedauerlich, genau wie der Schmerz bei einer chirurgischen Operation. Er mag ebenso notwendig sein, ist aber kein Grund zu jubeln. Das Rachegefühl, »moralische Entrüstung« genannt, ist nur eine Form von Grausamkeit. Das dem Verbrecher zugefügte Leid lässt sich niemals durch Strafen rechtfertigen, denen ein Rachegedanke zugrunde liegt. Wenn Erziehung in Verbindung mit Freundlichkeit genauso wirksam ist, so ist sie vorzuziehen; erst recht dann, wenn sie sich als wirksamer erweist. Natürlich sind Prävention und Bestrafung von Verbrechen zwei verschiedene Dinge; der Zweck des Gedankens, Straftäter leiden zu lassen, ist vermutlich Abschreckung. Würden Gefängnisse so menschlich geführt, dass Gefangene gratis eine gute Ausbildung bekämen, könnten manche auf die Idee kommen, Verbrechen zu begehen, um sich eine Eintrittskarte zu verschaffen. Ohne Zweifel muss das Gefängnis weniger angenehm sein als die Freiheit; aber der beste Weg, um dieses Ergebnis zu sichern, besteht darin, Freiheit angenehmer zu machen, als sie es gegenwärtig manchmal ist. Ich möchte jedoch nicht auf das Thema Strafrechtsreform hinaus. Ich möchte lediglich vorschlagen, dass wir den Verbrecher genauso behandeln wie jemanden, der an der Pest leidet. Beide sind eine Gefahr für die Allgemeinheit, beider Freiheit muss beschnitten werden, bis sie keine Gefahr mehr sind. Aber derjenige, der an der Pest leidet, ist Gegenstand von Mitgefühl und Mitleid, während der Verbrecher Gegenstand des Abscheus ist. Das ist vollkommen irrational. Und diese unterschiedliche Einstellung ist der Grund, weshalb unsere Gefängnisse so viel weniger erfolgreich in der Heilung verbrecherischer Neigungen sind als unsere Krankenhäuser in der Heilung von Krankheiten.

4. Heil – individuell und gesellschaftlich

Einer der Mängel der traditionellen Religion ist ihr Individualismus, und dieser Mangel haftet auch der mit ihr einhergehenden Moral an. Traditionell war das religiöse Leben gewissermaßen ein Zwiegespräch zwischen der Seele und Gott. Dem Willen Gottes zu gehorchen bedeutete Tugend; und jedes Individuum konnte sie erlangen, ganz unabhängig vom Zustand der Gemeinschaft. Protestantische Sekten entwickelten die Idee der »Heilsfindung«, die in der christlichen Lehre jedoch schon immer angelegt war. Dieser Individualismus der abgelösten Seele hatte in bestimmten Phasen der Geschichte seinen Wert, aber in unserer modernen Welt brauchen wir einen eher gesellschaftlich als individuell definierten Begriff des Wohlergehens. Im folgenden Abschnitt möchte ich mich damit beschäftigen, welchen Einfluss das auf unsere Vorstellung vom guten Leben hat.

Das Christentum kam während des Römischen Reichs unter Bevölkerungen auf, die jeder politischen Macht beraubt, deren Nationalstaaten zerstört und die einem riesigen unpersönlichen Ganzen einverleibt worden waren. Im Lauf der ersten drei Jahrhunderte christlicher Zeitrechnung hatten jene, die sich zum Christentum bekannten, keine Möglichkeit, die gesellschaftlichen oder politischen

Institutionen, unter denen sie lebten, zu verändern, obwohl sie diese aus tiefster Überzeugung für schlecht hielten. Unter solchen Umständen war es natürlich, dass sie den Glauben annahmen, ein Individuum könne Vollkommenheit in einer unvollkommenen Welt erlangen, und das gute Leben habe nichts mit dieser Welt zu tun. Was ich meine, mag im Vergleich zu Platons Republik besonders deutlich werden. Als Platon das gute Leben beschreiben wollte, beschrieb er eine ganze Gemeinschaft, nicht ein Individuum; er tat es, um Gerechtigkeit und mithin einen wesentlichen gesellschaftsbezogenen Begriff zu definieren. Er war an die Bürgerrechte einer Republik gewöhnt, und politische Verantwortung war etwas, was er für selbstverständlich hielt. Mit dem Verlust der griechischen Freiheit setzte sich der Stoizismus durch, der wie das Christentum, und anders als Platon, einen individualistischen Begriff vom guten Leben hat.

Wir, die wir in großen Demokratien leben, sollten eine adäquatere Moral eher im freien Athen finden als im despotisch-imperialen Rom. In Indien, wo die politischen Verhältnisse denen sehr ähnlich sind, die zur Zeit Christi in Judäa herrschten, finden wir Gandhi, der eine ganz ähnliche Moral lehrt wie Christus und von den christianisierten Nachfolgern des Pontius Pilatus dafür bestraft wird. Aber die extremeren indischen Nationalisten geben sich nicht mit dem individuellen Heil zufrieden: Sie wollen das nationale Heil. Insofern haben sie die Anschauung der freien Demokratien des Westens übernommen. Ich möchte zeigen, inwiefern diese Anschauung aufgrund christlicher Einflüsse noch nicht kühn und selbstbewusst genug hervortritt, sondern nach wie vor durch den Glauben an das individuelle Heil behindert wird.

Das gute Leben wie wir es uns vorstellen setzt eine Vielzahl sozialer Bedingungen voraus, ohne die es nicht verwirklicht werden kann. Das gute Leben, haben wir gesagt, sei ein Leben, das von Liebe inspiriert und von Wissen geleitet wird. Das erforderliche Wissen kann nur dort existieren, wo Regierungen oder Millionäre seine Erforschung und Verbreitung fördern. Wir haben zum Beispiel eine erschreckende Zunahme von Krebserkrankungen zu verzeichnen – was sollen wir dagegen tun? Im Augenblick kann niemand die Frage beantworten, weil es an Wissen fehlt; und das Wissen wird kaum anders gewonnen als durch Forschungsförderung. Außerdem müssten Kenntnisse in Naturwissenschaften, Geschichte, Literatur und Kunst jedem zugänglich sein, der mehr darüber wissen möchte; das bedeutet wohldurchdachte Vorkehrungen seitens der Behörden und kann nicht mithilfe religiöser Bekehrung erreicht werden. Dann gibt es den Außenhandel, ohne den die Hälfte der Einwohner Großbritanniens Hunger litte; wenn wir aber Hunger litten, dürften wohl sehr wenige von uns ein gutes Leben leben. Es erübrigt sich, noch mehr Beispiele zu sammeln. Der Dreh- und Angelpunkt ist der, dass die Welt in allem, was das gute vom schlechten Leben unterscheidet, eine Einheit bildet, und jeder, der unabhängig zu leben behauptet, ist bewusst oder unbewusst ein Parasit.

Die Idee des individuellen Heils, mit der sich die frühen Christen über ihre politische Unterwerfung hinweggetröstet haben, wird unhaltbar, sobald wir eine sehr begrenzte Vorstellung vom guten Leben überwinden. Nach der christlich orthodoxen Vorstellung ist das gute Leben ein tugendhaftes Leben, und Tugend besteht in Gehorsam gegenüber dem Willen Gottes, der sich jedem Einzelnen durch die Stimme des Gewissens offenbart. Das alles entspricht der Vorstellung von Menschen, die einer fremden Willkürherrschaft unterworfen sind. Das gute Leben aber verlangt viel mehr als Tugend – unter anderem Intelligenz. Und das Gewissen ist ein höchst trügerischer Führer, da es aus vagen Erinnerungen an ehemals in der Kindheit gehörte Mahnungen besteht, sodass es niemals weiser ist als die Kinderfrau oder Mutter seines Besitzers. Um ein vollauf gutes Leben zu leben, braucht der Mensch eine gute Erziehung, Freunde, Liebe, Kinder (sofern er sie wünscht), ein hinreichendes Einkommen, um ihn vor Entbehrung und großen Ängsten zu bewahren, Gesundheit und eine nicht ganz uninteressante Arbeit. All diese Dinge hängen in unterschiedlichem Maße von der Gemeinschaft ab und werden durch politische Ereignisse gefördert oder behindert. Das gute Leben muss in einer guten Gesellschaft gelebt werden, sonst ist es nicht vollauf möglich.

Darin liegt der fundamentale Mangel des aristokratischen Ideals. Manche guten Dinge wie Kunst, Wissenschaft und Freundschaft können in einer aristokratischen Gesellschaft wunderbar gedeihen. In Griechenland gab es sie auf der Grundlage von Sklaverei; bei uns ist Ausbeutung die Grundlage. Aber Liebe in Form von Mitgefühl oder Wohlwollen kann es in einer aristokratischen Gesellschaft nicht uneingeschränkt geben. Der Aristokrat muss sich davon überzeugen, dass der Sklave, der Proletarier oder der Farbige aus minderwertigem Lehm erschaffen worden ist und seine Leiden nichts ausmachen. Bis auf den heutigen Tag peitschen vornehme britische

Gentlemen Afrikaner so brutal aus, dass diese nach Stunden unsäglicher Qualen sterben. Auch wenn besagte Gentlemen wohlerzogen, künstlerisch begabt und vortreffliche Gesprächspartner sind, kann ich ihnen kein gutes Leben zuerkennen. Die Natur erlegt dem Mitgefühl gewisse Grenzen auf, aber nicht in solchem Ausmaß. In einer demokratisch gesinnten Gesellschaft würde sich nur ein Irrer so benehmen. Die dem aristokratischen Ideal inhärente Einschränkung des Mitgefühls verurteilt es zum Übel. Heil ist ein aristokratisches, weil individualistisches Ideal. Deshalb kann auch die Idee des persönlichen Heils, wie immer man sie dreht und wendet, nicht zur Definition des guten Lebens beitragen.

Ein anderes Merkmal des Heils besteht darin, dass es aus einer schicksalhaften Wende folgt, wie etwa bei der Bekehrung des Paulus. Shelleys Gedichte liefern eine gesellschaftsbezogene Illustration dieser Vorstellung; es kommt der Moment, da jedermann bekehrt ist, die »Anarchisten« fliehen und »das goldene Zeitalter der Welt erneut beginnt«. Man mag sagen, ein Dichter sei eine unwichtige Persönlichkeit, deren Ideen folgenlos blieben. Aber ich bin überzeugt, dass ein großer Teil der revolutionären Führer Ideen verfolgte, die genau mit denen Shelleys übereinstimmen. Sie dachten, Elend, Grausamkeit und Zersetzung seien Tyrannen oder Priestern, Kapitalisten oder den Deutschen geschuldet, und wenn diese Quellen des Übels beseitigt wären, gäbe es einen allgemeinen Gesinnungswandel, und hinfort würden wir alle glücklich leben, bis in Ewigkeit. In diesem Glauben waren sie bereit zu dem »Krieg, um alle Kriege zu beenden«. Vergleichsweise glücklich kamen jene davon, die ihre Niederlage oder ihren Tod erlitten; die anderen, die das Unglück hatten, als Sieger hervorzugehen, wurden durch das Scheitern all ihrer glühenden Hoffnungen zum Zynismus oder zur Verzweiflung getrieben. Die letzte Quelle dieser Hoffnungen war die christliche Lehre von der schicksalhaften Bekehrung als dem Weg des Heils.

Ich möchte nicht sagen, dass Revolutionen nie notwendig seien, aber ich möchte sagen, dass sie keine Abkürzung zum Millennium sind. Es gibt keine Abkürzung zum guten Leben, ob individuell oder gesellschaftlich. Um ein gutes Leben aufzubauen, müssen wir Intelligenz, Selbstbeherrschung und Mitgefühl aufbauen. Das ist eine quantitative Angelegenheit, eine Frage der allmählichen Verbesserung, der frühen Übung, des erzieherischen Experiments. Reine Ungeduld weckt den Glauben an die Möglichkeit einer schlagartigen Verbesserung. Was an allmählicher Verbesserung möglich ist und mit welchen Methoden es erreicht werden kann, sind Fragen an die Wissenschaft von morgen. Aber etwas kann schon heute gesagt werden. Einen Teil von dem, was gesagt werden kann, will ich in einem letzten Abschnitt aufzuzeigen versuchen.

5. Wissenschaft und Glück

Die Absicht des Moralisten besteht darin, das Verhalten der Menschen zu bessern. Das ist ein lobenswertes Streben, da ihr Verhalten zumeist bedauerlich ist. Aber ich kann den Moralisten weder dafür rühmen, welche Verbesserungen er im Besonderen anstrebt, noch für die Methoden, mit denen er sie zu erreichen sucht. Seine vorgeschobene Methode ist moralische Ermahnung; seine wirkliche Methode besteht (sofern er orthodox ist) in einem System ökonomischer Belohnungen und Strafen. Ersteres bewirkt nichts Dauerhaftes oder Wichtiges; der Einfluss von Erweckungspredigern bis hin zu Savonarola war immer nur sehr flüchtig. Letzteres – die Methode von Belohnungen und Strafen – hat erhebliche Wirkungen. So veranlasst sie zum Beispiel einen Mann, gelegentliche Prostituierte einer quasi beständigen Mätresse vorzuziehen, weil er gezwungen ist, jene Methode zu wählen, die sich am leichtesten verbergen lässt. Dadurch wird die Zahl derer, die ein gefährliches Gewerbe ausüben, in die Höhe getrieben und die Verbreitung von Geschlechtskrankheiten garantiert. Das sind nicht die Dinge, die der Moralist zu erreichen wünscht, aber er ist zu unwissenschaftlich, um zu bemerken, dass sie es sind, die er tatsächlich erreicht.

Gibt es etwas Besseres als diese unwissenschaftliche Mischung aus Predigt und Bestechung? Ich glaube ja.

Wenn menschliches Handeln Schaden anrichtet, so entweder aus Unwissenheit oder aufgrund böser Wünsche. Unter gesellschaftlichen Aspekten können »böse« Wünsche als solche definiert werden, die geeignet sind, die Wünsche anderer zu durchkreuzen, oder, genauer gesagt, als solche, die mehr Wünsche durchkreuzen als sie unterstützen. Es erübrigt sich, bei den Schäden zu verweilen, die durch Unwissenheit entstehen; hier ist einzig und allein mehr Wissen gefragt, sodass der Weg zur Besserung in vermehrter Forschung und vermehrter Bildung liegt. Der Schaden hingegen, der bösen Wünschen entspringt, ist eine schwierigere Angelegenheit.

Der normale Mensch, ob Mann oder Frau, besitzt ein gewisses Maß an aktiver Böswilligkeit, sowohl spezifischen, gegen bestimmte Feinde gerichteten Übelwollens, als auch allgemeiner, unpersönlicher Schadenfreude über die Missgeschicke anderer. Nach alter Gewohnheit wird das in schöne Phrasen gekleidet; ungefähr die Hälfte der konventionellen Moral dient als Deckmantel dafür. Aber man muss ihm ins Auge sehen, wenn das Ziel der Moralisten, unser Handeln zu verbessern, erreicht werden soll. Es zeigt sich auf tausenderlei Weise, groß und klein: im Frohlocken, mit dem Leute bereit sind, Skandale zu glauben und weiterzuerzählen, in der ungnädigen Behandlung von Straftätern trotz klarer Beweise, dass eine freundlichere Behandlung mehr zu ihrer Besserung beitragen würde, in der unglaublichen Barbarei, die alle weißen Völker gegenüber Schwarzen walten lassen, in dem Genuss, mit dem alte Damen und Geistliche es sich während des Krieges angelegen sein ließen, junge Männer auf die Pflicht zum Militärdienst hinzuweisen. Sogar Kinder können Gegenstand mutwilliger Grausamkeit sein: David Copperfield und Oliver Twist sind keineswegs erfundene Figuren. Aktive Böswilligkeit ist der schlimmste Zug der menschlichen Natur und derjenige, der am dringendsten verändert werden muss, wenn die Welt glücklicher werden soll. Wahrscheinlich hat dieser eine Grund mehr mit Krieg zu tun als alle ökonomischen und politischen Gründe zusammen.

Angesichts des Problems, Böswilligkeit zu verhindern, stellt sich die Frage: Wie sollen wir damit umgehen? Versuchen wir zuerst, die Gründe zu verstehen. Diese sind, glaube ich, teils gesellschaftlich, teils physiologisch. Die

Welt beruht heute ebenso wie in alten Zeiten auf dem Kampf um Leben und Tod; die große Streitfrage im Krieg war die, ob deutsche Kinder oder die der Alliierten vor Not und Hunger sterben sollten. (Abgesehen von Böswilligkeit auf beiden Seiten gab es nicht den geringsten Grund, weshalb nicht beide überleben sollten.) Die meisten Menschen sind vom Gespenst der Angst vor dem Ruin getrieben; das stimmt insbesondere für diejenigen, die Kinder haben. Die Reichen fürchten, die Bolschewisten könnten ihre Geldanlagen konfiszieren; die Armen fürchten, ihre Arbeit oder Gesundheit zu verlieren. Jeder ist fieberhaft auf der Jagd nach »Sicherheit« und bildet sich ein, sein Ziel zu erreichen, indem er potenzielle Feinde unterdrückt. In Augenblicken der Panik greift Grausamkeit am meisten um sich und wird am grässlichsten. Reaktionäre aller Länder appellieren an die Angst: in England an die Angst vor dem Bolschewismus; in Frankreich an die Angst vor Deutschland; in Deutschland an die Angst vor Frankreich. Und die einzige Wirkung ihrer Appelle besteht darin, die Gefahr, vor der sie schützen wollen, zu erhöhen.

Es muss daher eine der Hauptsorgen des wissenschaftlichen Moralisten sein, Angst zu bekämpfen. Dies kann auf zweierlei Weise geschehen: durch die Erhöhung der Sicherheit und durch die Förderung von Mut. Ich spreche von Angst als einer irrationalen Leidenschaft, nicht von der rationalen Voraussicht möglichen Unglücks. Wenn in einem Theater Feuer ausbricht, sieht der rationale Mensch die Katastrophe ebenso klar voraus wie der von Panik erfasste, aber er ergreift geeignete Maßnahmen, um die Katastrophe abzuwenden, während der panische sie verschlimmert. Europa benimmt sich seit 1914 wie ein von Panik erfasstes Publikum in einem Theater, das in Flammen steht; was wir brauchen ist Ruhe, zuverlässige Anweisungen, wie man entkommt, ohne sich dabei gegenseitig totzutrampeln. Das Viktorianische Zeitalter war bei all seinem Humbug eine Epoche rapiden Fortschritts, weil die Menschen mehr von Hoffnung beherrscht waren als von Angst. Wenn wir wieder Fortschritt wollen, müssen wir wieder Hoffnung herrschen lassen.

Alles, was die allgemeine Sicherheit erhöht, ist dazu angetan, Grausamkeit zu verringern. Das gilt für die Abwendung von Kriegen, ob durch Vermittlung des Völkerbunds oder sonstwie; es gilt für Armutsbekämpfung; für bessere Gesundheit durch Fortschritte in Medizin, Hygiene und Sanitärwesen; und es gilt für alle anderen Methoden zur Minderung der Schrecken, die in den Abgründen des menschlichen Geistes lauern und als Albträume auftauchen, wenn wir schlafen. Aber nichts ist durch den Versuch gewonnen, einem Teil der Menschheit Sicherheit auf Kosten eines anderen Teils der Menschheit zu verschaffen – Franzosen auf Kosten der Deutschen, Kapitalisten auf Kosten der Lohnarbeiter, Weißen auf Kosten der Gelben und so fort. Solche Methoden steigern nur den Schrecken, den die herrschende Gruppe verbreitet, damit die Unterdrückten nicht aus gerechter Wut rebellieren. Allein Gerechtigkeit kann Sicherheit bieten, und mit »Gerechtigkeit« meine ich die Anerkennung gleicher Ansprüche für alle Menschen.

Außer sozialen Veränderungen, die darauf ausgerichtet sind, Sicherheit zu schaffen, gibt es jedoch ein anderes und direkteres Mittel, um Angst abzubauen, nämlich eine

Lebensweise, die darauf ausgerichtet ist, den Mut zu stärken. Dank der Bedeutung, die dem Mut im Kampf zukam, hat die Menschheit schon früh Mittel entdeckt, ihn durch Erziehung und Ernährung zu stärken – das Essen von Menschenfleisch beispielsweise galt als zuträglich. Aber kriegerischer Mut musste das Vorrecht der herrschenden Kaste bleiben: Spartiaten mussten mehr Mut haben als Heloten, britische Offiziere mehr als das Heer indischer Soldaten, Männer mehr als Frauen und so weiter. Jahrhundertelang galt er als Privileg der Aristokratie. Jede Stärkung des Muts in der herrschenden Kaste diente dazu, die Belastungen der Unterdrückten zu verstärken und somit auch die Gründe für Befürchtungen der Unterdrücker, die infolgedessen die Ursachen der Grausamkeit unvermindert beließen. Mut muss demokratisiert werden, ehe er Menschen menschlich machen kann.

Weitgehend ist Mut durch Ereignisse der jüngsten Zeit bereits demokratisiert worden. Die Suffragetten haben gezeigt, dass sie ebenso viel Mut besaßen wie der tapferste Mann; dieser Beweis war entscheidend für ihre Erlangung des Wahlrechts. Der gemeine Soldat brauchte im Krieg ebenso viel Mut wie ein Hauptmann oder Leutnant, und sehr viel mehr als ein General; das hat viel zu seiner fehlenden Unterwürfigkeit nach der Demobilisierung beigetragen. Den Bolschewisten, die sich selbst zur Vorhut der Arbeiterklasse erklären, mangelt es nicht an Mut, was auch immer man sonst von ihnen sagen mag; das beweist ihre vorrevolutionäre Geschichte. In Japan, wo ehemals die Samurai ein Monopol auf kriegerische Glut besaßen, hat der Wehrdienst zur Notwendigkeit geführt, der gesamten männlichen Bevölkerung Mut abzuverlangen. So ist im Spektrum aller Großmächte während des letzten halben Jahrhunderts viel dafür getan worden, Mut nicht länger als aristokratisches Monopol zu begreifen: Wenn dem nicht so wäre, wäre die Demokratie noch weitaus stärker in Gefahr, als sie es heute ist.

Aber Kampfesmut ist keineswegs die einzige Form von Mut, vielleicht auch nicht einmal die wichtigste. Es gehört Mut dazu, Armut zu ertragen; Mut dazu, Spott zu erdulden, Mut, die Feindseligkeit seiner eigenen Herde hinzunehmen. Daran mangelt es den tapfersten Soldaten oft jämmerlich. Vor allem aber braucht es Mut, angesichts einer Gefahr ruhig und rational zu denken und den Impuls zu beherrschen, in panische Angst oder Raserei auszubrechen. Das sind sicher Dinge, für deren Aneignung die Erziehung eine Hilfe sein kann. Und Mut in welcher Form auch immer zu lehren, wird durch gute Gesundheit, körperliche Stärke, angemessene Ernährung und Spielraum für fundamentale Impulse von Lebenslust erleichtert. Vielleicht könnten physiologische Quellen des Muts durch einen Vergleich von Katzenblut mit dem Blut eines Hasen entdeckt werden. Aller Wahrscheinlichkeit nach sind dem keine Grenzen gesetzt, was die Wissenschaft alles tun könnte, um Mut anhand von Beispielen, Erfahrungen im Umgang mit Gefahr, einer sportlichen Lebensweise und geeigneter Ernährung zu fördern. Unsere Knaben der Oberschicht genießen das alles in großem Ausmaß, aber noch ist es hauptsächlich ein Privileg der Reichen. Der Mut, in dem die ärmeren Schichten der Gemeinschaft bisher bestärkt worden sind, ist ein Mut unter Befehl, kein solcher, der Initiative und Führungskraft bedeutet. Wenn die Eigenschaften, die heutzutage

Führungskraft verleihen, universell geworden sind, wird es keine Führer und Gefolgschaften mehr geben und die Demokratie wird endlich verwirklicht sein.

Aber Angst ist nicht die einzige Quelle von Böswilligkeit; auch Neid und Enttäuschung haben ihren Teil daran. Der Neid von Krüppeln und Buckligen als Quelle von Bosheit ist sprichwörtlich bekannt, doch andere Missgeschicke zeitigen ähnliche Ergebnisse. Ein Mann oder eine Frau mit einer unbefriedigten Sexualität mag von Neid erfüllt sein; so etwas nimmt gewöhnlich die Form einer moralischen Verurteilung der Glücklicheren an. Viel von der Triebkraft revolutionärer Bewegungen ist dem Neid auf die Reichen geschuldet. Eifersucht stellt natürlich eine Sonderform von Neid dar – Liebesneid. Oft beneiden Alte die Jungen; und wenn dem so ist, neigen sie dazu, Letztere grausam zu behandeln.

Soviel ich weiß, ist gegen Neid kein Kraut gewachsen, es sei denn, das Leben der Neidischen glücklicher und erfüllter zu machen und die Jugend zu kollektiven Unternehmungen statt zum Wettbewerb zu ermutigen. Die schlimmsten Formen von Neid zeigen sich bei denen, die kein erfülltes Leben im Sinne von Ehe, Kindern oder beruflicher Karriere haben. Solche Missgeschicke könnten in den meisten Fällen durch bessere soziale Institutionen vermieden werden. Trotzdem muss man zugeben, dass ein Rest von Neid wahrscheinlich bleiben wird. In der Geschichte gibt es viele Beispiele von Generälen, die so eifersüchtig aufeinander waren, dass eine Niederlage ihnen lieber war, als den anderen Ruhm zu gönnen. Zwei Politiker derselben Partei oder zwei Künstler derselben Schule sind so gut wie sicher eifersüchtig aufeinander. In solchen Fällen ist wohl nichts zu machen, außer möglichst dafür zu sorgen, dass keiner der beiden in der Lage ist, dem anderen zu schaden, und jeder nur durch größere Verdienste gewinnen kann. Die Eifersucht eines Künstlers auf einen Rivalen richtet gewöhnlich wenig Schaden an, weil die einzig wirksame Möglichkeit, ihr nachzugeben, darin besteht, bessere Bilder zu malen als der andere – schließlich steht es ihm nicht frei, die Bilder seines Rivalen zu zerstören. Wo Neid unvermeidlich ist, muss er als Stimulus für die eigenen Anstrengungen benutzt werden, nicht dafür, die Anstrengungen anderer zu vereiteln.

Die Möglichkeiten der Wissenschaft im Wege einer Steigerung des menschlichen Glücks beschränken sich nicht auf die Verringerung jener Aspekte der menschlichen Natur, die darauf abzielen, sich gegenseitig Niederlagen beizubringen, und die wir deshalb »böse« nennen. Es gibt wahrscheinlich keine Grenze für das, was die Wissenschaft im Wege einer Steigerung konstruktiver Exzellenz tun kann. Die Erhaltung unserer Gesundheit ist schon wesentlich verbessert worden; trotz der Klagen derer, die frühere Zeiten idealisieren, leben wir länger und haben weniger Krankheiten als irgendeine Klasse oder Nation im 18. Jahrhundert. Mit etwas mehr Eifer, das vorhandene Wissen anzuwenden, könnten wir noch viel gesünder sein. Und wahrscheinlich werden künftige Entdeckungen diesen Prozess enorm beschleunigen.

Bisher war es die physikalische Wissenschaft, die sich am stärksten auf unser Leben ausgewirkt hat, aber wie es scheint, könnten die Physiologie und die Psychologie in Zukunft weitaus wirkungsvoller werden. Wenn wir erst einmal entdeckt haben, welche Zusammenhänge zwischen Charakter und physiologischen Bedingungen bestehen, werden wir, wenn wir es denn wollen, in der Lage sein, viel mehr Menschen jenes Typs hervorzubringen, den wir bewundern. Intelligenz, künstlerische Fähigkeiten, Wohlwollen – all diese Dinge könnten zweifellos durch die Wissenschaft gesteigert werden. Es scheint kaum eine Grenze für das zu geben, was im Wege der Schaffung einer guten Welt getan werden könnte, sofern die Menschen einen weisen Gebrauch von der Wissenschaft machen. Ich habe meine Befürchtungen, sie könnten die Macht, die sie aus der Wissenschaft beziehen, nicht weise gebrauchen, an anderer Stelle zum Ausdruck gebracht[3]. Hier geht es mir um das Gute, das die Menschen tun können, sofern sie diesen Weg wählen und nicht um die Frage, ob sie eher den Weg wählen werden, Schaden anzurichten.

Es gibt eine bestimmte Einstellung zur Frage der Anwendung der Wissenschaft auf das menschliche Leben, die mir ziemlich naheliegt, obwohl ich ihr letztlich nicht zustimme. Ich meine die Einstellung derer, die alles fürchten, was »widernatürlich« ist. Rousseau war zweifellos der große Vorkämpfer dieser Sichtweise in Europa. In Asien hat Lao-Tse sie sogar noch überzeugender und 2400 Jahre früher vertreten. Ich glaube, in der Bewunderung der »Natur« steckt eine Mischung aus Wahrem und Falschem, die zu entwirren mir wichtig erscheint. Zunächst einmal, was ist »natürlich«? Grob gesagt alles, woran der Sprecher in seiner Kindheit gewöhnt war. Lao-Tse lehnt Straßen

3 Bertrand Russel, *Ikarus oder Die Zukunft der Wissenschaft*, München 1926.

und Wagen und Boote ab, lauter Dinge, die in dem Dorf, aus dem er stammte, unbekannt gewesen sein dürften. Rousseau war daran gewöhnt und betrachtet sie nicht als wider die Natur. Aber er hätte zweifellos gegen Eisenbahnen gewettert, wenn er deren Anblick noch erlebt hätte. Kleider und das Kochen sind zu alt, als dass sie von den meisten Naturaposteln verurteilt würden, obwohl sie alle einig darin sind, neue Moden in beidem abzulehnen. Geburtenkontrolle wird von denselben Menschen, die Ehelosigkeit billigen, als Sünde verurteilt, weil Ersteres eine neue Vergewaltigung der Natur darstellt und Letzteres eine alte. In alledem sind diejenigen, die »Natürlichkeit« predigen, inkonsequent, und man ist versucht, sie schlicht für konservativ zu halten.

Trotzdem ist etwas zu ihren Gunsten zu sagen. Nehmen wir beispielsweise Vitamine, deren Entdeckung einen Umschwung zugunsten »natürlicher« Nahrungsmittel auslöste. Es scheint jedoch, dass auch Dorschleber und elektrisches Licht, die gewiss nicht zur »natürlichen« Ernährung des Menschen gehören, für Vitamine sorgen können. Dieser Fall illustriert, dass dann, wenn das Wissen fehlt, durch eine Abweichung von der Natur unverhoffter Schaden verursacht werden kann; wenn aber der Schaden einmal verstanden worden ist, kann er gewöhnlich durch etwas neues Unnatürliches behoben werden. Was unsere physische Umgebung und die physischen Mittel zur Befriedigung unserer Wünsche anbelangt, so glaube ich nicht, dass die »Natur«-Lehre etwas rechtfertigt, was über eine gewisse experimentelle Vorsicht beim Einsatz neuer Hilfsmittel hinausgeht. Kleider zum Beispiel sind wider die Natur und verlangen, damit sie nicht krankmachen, eine zusätzliche widernatürliche Gewohnheit, nämlich das Waschen. Aber beide Gewohnheiten zusammen machen einen Menschen gesünder als den Wilden, der sie beide scheut.

Im Bereich der menschlichen Wünsche gibt es mehr zu sagen, was für die »Natur« spricht. Einem Mann, einer Frau oder einem Kind ein Leben aufzuzwingen, das ihre stärksten Impulse konterkariert, ist sowohl grausam als auch gefährlich; in diesem Sinne ist ein »naturgemäßes« Leben empfehlenswert, allerdings unter gewissen Vorbehalten. Nichts könnte unnatürlicher sein als eine elektrische Untergrundbahn, aber der Natur eines Kindes wird keinerlei Gewalt angetan, wenn es darin mitfahren darf; im Gegenteil, fast alle Kinder empfinden es als ein herrliches Erlebnis. Unnatürliche Dinge, die die Wünsche gewöhnlicher Menschen befriedigen, sind unter sonst gleichen Bedingungen gut. Aber es gibt nichts, was für Lebensweisen spricht, die in dem Sinne unnatürlich sind, als sie von Obrigkeiten oder aufgrund wirtschaftlicher Notwendigkeit erzwungen werden. In gewissem Maße sind solche Lebensweisen heute zweifellos notwendig; der Schiffsverkehr würde sehr schwierig werden, wenn es auf den Dampfern keine Heizer gäbe. Aber Notwendigkeiten dieser Art sind bedauerlich, und wir sollten nach Möglichkeiten suchen, sie zu vermeiden. Eine gewisse Menge Arbeit ist kein Grund, sich zu beklagen; in der Tat, in neun von zehn Fällen macht sie den Menschen glücklicher als reiner Müßiggang. Aber die Menge und die Art der Arbeit, welche die meisten Menschen heutzutage leisten müssen, sind ein schweres Übel: Besonders schlimm ist das lebenslange Joch der Routine. Das Leben sollte weder zu stark reguliert noch zu systematisch sein; unsere Impulse müssten, soweit sie nicht regelrecht zerstörerisch sind oder anderen schaden, möglichst freien Spielraum haben; es sollte Raum für Abenteuer geben. Die menschliche Natur sollten wir achten, da unsere Impulse und Wünsche der Stoff sind, aus dem unser Glück zu machen ist. Es hilft nichts, den Menschen etwas zu geben, was abstrakt für »gut« gehalten wird; wenn wir zu ihrem Glück beitragen wollen, müssen wir ihnen etwas geben, was gewünscht oder gebraucht wird. Im Lauf der Zeit wird die Wissenschaft vielleicht lernen, unsere Wünsche so zu formen, dass sie nicht in dem Ausmaß wie heute mit denen anderer Menschen konfligieren; dann werden wir in der Lage sein, einen größeren Teil unserer Wünsche zu befriedigen als heute. In diesem, aber nur in diesem Sinne werden sich unsere Wünsche dann »verbessert« haben. Ein einzelner Wunsch ist, isoliert betrachtet, weder besser noch schlechter als jeder andere; aber eine Gruppe von Wünschen ist dann besser als eine andere, wenn alle Wünsche der ersten Gruppe gleichzeitig befriedigt werden können, während in der zweiten Gruppe einige unvereinbar mit anderen sind. Das ist der Grund, warum Liebe besser ist als Hass.

Die physische Natur zu achten ist töricht; die physische Natur sollte in Hinblick darauf erforscht werden, sie so weit als möglich in den Dienst menschlicher Zwecke zu stellen, denn ethisch ist und bleibt sie weder gut noch böse. Und wo physische und menschliche Natur interagieren, wie etwa in der Bevölkerungsfrage, haben wir es nicht nötig, in passiver Anbetung die Hände zu falten und Krieg, Pest und Hunger als die einzig möglichen

Mittel anzunehmen, um übermäßige Fruchtbarkeit einzudämmen. Die Geistlichen sagen: Es ist böse, in dieser Angelegenheit mithilfe der Wissenschaft auf die physische Seite des Problems einzuwirken; vielmehr (so sagen sie) müssen wir mithilfe der Moral auf die menschliche Seite einwirken und Enthaltsamkeit üben. Abgesehen von der Tatsache, dass jeder – einschließlich der Geistlichen – weiß, dass ihr Rat nicht angenommen wird, warum sollte es verwerflich sein, das Bevölkerungsproblem durch den Einsatz physischer Mittel zur Empfängnisverhütung zu lösen? Darauf bekommen wir keine Antwort außer einer, die auf veralteten Dogmen beruht. Indessen ist klar, dass die von den Geistlichen empfohlene Vergewaltigung der Natur mindestens so groß ist wie die durch Geburtenkontrolle. Die Geistlichen ziehen es vor, der menschlichen Natur Gewalt anzutun, was, wenn es erfolgreich praktiziert wird, Unglück, Neid, Verfolgungseifer, ja oft Wahnsinn bedeutet. Ich ziehe es vor, der physischen Natur eine »Gewalt« anzutun, die genauso geartet ist wie jene, welche die Dampfmaschine oder gar die Benutzung eines Regenschirms mit sich bringt. Dieses Beispiel zeigt, wie zweideutig und ungewiss die Anwendung des Prinzips ist, der »Natur« zu folgen.

Die Natur, auch die menschliche Natur, wird mehr und mehr aufhören, ein absolut Gegebenes zu sein; mehr und mehr wird sie das werden, was wissenschaftliche Beeinflussung aus ihr gemacht hat. Die Wissenschaft kann, wenn sie es denn will, unsere Enkelkinder in die Lage versetzen, ein gutes Leben zu leben, indem sie ihnen Wissen, Selbstbeherrschung und Harmonie statt streitsüchtiger Charaktere verleiht. Gegenwärtig lehrt sie unsere Kinder, sich gegenseitig umzubringen, weil viele Wissenschaftler die Zukunft der Menschheit ihrem eigenen augenblicklichen Erfolg opfern wollen. Aber diese Phase wird vorübergehen, wenn die Menschen die gleiche Beherrschung ihrer Leidenschaften erlangen, mit der sie schon jetzt die physischen Kräfte der Außenwelt beherrschen. Dann endlich werden wir unsere Freiheit gewonnen haben.

Sebastian Kleinschmidt

Nachwort: Russells Religionskritik und die Theologie des Als-ob

»Gott ist längst im reifen Alter«, lautet die Anfangszeile in einem heiter-wehmütigen Lied des Sängers und Poeten Hans-Eckardt Wenzel, das auf wunderbare Weise die Erfahrung der Vergänglichkeit umspielt. Doch weiß man nicht und muss es auch nicht wissen, ob hier die Gottesrede ernst genommen werden will. In der Religion aber ist sie ernst gemeint. Gleichwohl gab und gibt es Menschenkinder, die nicht glauben wollen oder können, dass es die große unsichtbare Welten-Spinne gibt, in deren Netz wir uns verfangen oder bergen. Zu ihnen gehörte auch Englands nobler Denker Bertrand Russell. Als er am 6. März 1927 in London unter der Schirmherrschaft einer Gesellschaft zur Förderung der Säkularisierung im Rathaus von Battersea seinen nachmals berühmten Vortrag »Warum ich kein Christ bin« hielt, war jedoch vom religiösen Glauben kaum die Rede. Russell prüfte die Dogmen des Christentums ausschließlich vor dem Richterstuhl der Wissenschaft und Logik. Das Fazit war entsprechend: Erstens lasse sich weder Gottes Existenz noch die Unsterblichkeit der Seele beweisen, zweitens sei Christus, ob göttlich oder nicht, als Mensch keineswegs ein rundum vortrefflicher und weiser Mann gewesen, wie seine Anhänger meinten, und drittens stütze die Religion sich hauptsächlich auf Angst. Angst aber sei schädlich, ein defizitärer Zustand des Erkennens. Damit war die Sache im Grunde abgetan. Schachmatt in drei Zügen. In der Tat, vom wissenschaftlichen Standpunkt aus betrachtet ist Religion etwas Kindisches: Fantasie, Aberglaube, Träumerei, eigentlich Wahn, nichts, was dem Verstand, dem Zweifel standhält, nichts, was Gewissheit verbürgt. Wissenschaft kommt ohne Gott aus, sie bedarf keiner transzendenten Hypothese. »[D]ie zentralen Dogmen der christlichen Religion finden keine Unterstützung in der Wissenschaft«, sagt Russell. »Ich behaupte nicht, beweisen zu können, dass es keinen Gott gibt. Ich kann auch nicht beweisen, dass der Teufel eine Fiktion ist. Der christliche Gott mag existieren; desgleichen mögen es die Götter des Olymp, des alten Ägypten oder die Götter von Babylon. Aber keine dieser Hypothesen ist wahrscheinlicher als die andere: Sie liegen außerhalb der Region jedes auch nur mutmaßlichen Wissens, und darum gibt es keinen Grund, auch nur eine davon zu erwägen.« Gott ist, könnte man schlussfolgern, ein Zufluchtsort der Unwissenheit.

Russell wusste natürlich, dass verstandesmäßige Argumente, auch solche, wie er selbst sie vorbrachte, die Menschen nicht wirklich bewegten. Was sie dazu bewegen würde, an Gott zu glauben, sei gar nichts Rationales. Die meisten glaubten an Gott, weil man es sie von frühester Kindheit an gelehrt hätte. Der zweitstärkste Beweggrund sei der Wunsch nach Sicherheit, nach einer Art Gefühl, dass es einen großen Bruder gebe, der sich um einen kümmert. Er, Russell, glaube nicht, »dass der wahre Grund, warum Menschen einer Religion Glauben schenken, auch nur das Geringste mit Argumenten zu tun hat. Glauben schenken sie der Religion vielmehr aus emotionalen Gründen.«

Apropos Argumente, apropos Logik und Beweise. Einer Anekdote zufolge wurde der ungläubige Philosoph von besorgten Studenten einmal gefragt, was er denn sagen würde, sollte er nach dem Tod wider Erwarten von Angesicht zu Angesicht vor Gott stehen. Russell antwortete: »I would say, ›Lord, you should have given us more evidence.‹« Damit hatte er Gott den Schwarzen Peter zugeschoben. Es sei seine Schuld, dass wir nicht an ihn glauben könnten.

Doch zurück zur Welt der Gefühle. In »Warum ich kein Christ bin« kommt für Russel in puncto Religiosität – das Stichwort fiel schon – nur eine Regung in Betracht: die Angst. In ihr meint er den springenden Punkt allen Gottesglaubens erkannt zu haben. Diese Ansicht findet sich schon in der Antike, beim Römer Lukrez, dem luzidesten Propheten des Atheismus, der in *De rerum natura* mittels Hexametern erklärte, »nur deshalb fesselt die Furcht die Gemüter der Menschen,/ weil sie Erscheinungen sehn auf Erden und droben am Himmel,/ deren bewegende Gründe sie nicht zu durchschauen vermögen«. Womit wir wieder an der Leine der Wissenschaft wären, diesmal jedoch nicht stolz und frei angesichts ihrer Fülle, sondern bedrückt und gefangen angesichts ihres Mangels. Lukrez machte die Angst nicht nur zur Hauptursache – wie vordem schon der Grieche Epikur, sein philosophisches Vorbild –, sondern auch zur Hauptwirkung von Religion. Die Götter seien nämlich nichts anderes als durch Furcht vor unbegreiflichen Naturkräften veranlasste Schöpfungen des Menschen. Und dieser würde sich im selben Atemzug von ihnen, der eigenen Projektion, einreden lassen, dass all sein Unglück wissentlich und absichtsvoll durch diese Wesen herbeigeführt werde. Wenn aber die Götter schon imstande seien, ihm in diesem Leben soviel Übles zu bescheren, womit würde er dann erst im nächsten zu rechnen haben? Drohungen gebe es genug. Es ist die Einbildungskraft, so Lukrez, welche die Höllenqualen erfunden hat. Sie sei der Grund unserer Ängste. Der Mensch müsse diese Art Mythen verwerfen. Nur so gewinne er seine Würde und gerate auf die irdischen Pfade des Glücks.

»Was die Religion betrifft«, sagt Russell kurz und bündig, »bin ich der gleichen Ansicht wie Lukrez. Ich halte sie für ein aus der Angst geborenes Übel und eine Quelle unsäglichen Leids für die Menschheit.« In seinem Buch *Eroberung des Glücks* von 1930 hat er jenseits des Glaubens ein eigenes Programm der Angstbekämpfung entworfen, das ganz auf Rationalisierung beruht. Es geht so:

> »Wenn Unheil droht, ist es ratsam, sich ernsthaft und bedacht zu überlegen, was im schlimmsten Falle eintreten könnte. Hat man sich das möglicherweise bevorstehende Missgeschick genau ausgemalt, dann suche man nach triftigen Gründen, aus denen es alles in allem doch nicht gar so furchtbar ist. Solche Gründe gibt es immer, da selbst im allerschlimmsten Falle nichts, was uns persönlich geschieht, irgendeine kosmische Bedeutung hat. Sobald man eine Zeitlang den schlimmsten Ausgang in Ruhe überdacht hat und mit aufrichtiger Über-

> zeugung zu dem Schluss gekommen ist, dass er schließlich doch nicht von so ungeheurer Bedeutung ist, wird man finden, dass die Selbstquälerei in ganz erstaunlichem Grade nachlässt. Vielleicht ist es nötig, den Prozess ein paar Mal zu wiederholen, wenn man aber bei der Ausmalung des schlimmsten Verlaufes keine der möglichen Folgen aus Feigheit übergangen hat, wird schließlich das Grübeln ganz aufhören und an seine Stelle eine Art überlegener Heiterkeit treten.«

Wohl dem, bei dem es funktioniert! Aber das war, genau betrachtet, nicht einmal bei Russell selbst der Fall. Wie er in seiner Autobiografie erzählt, erlebte er verschiedentlich Angstzustände, die er durch kein intellektuelles Verfahren beheben konnte. Es war vor allem die Angst vor erblichem Wahnsinn, die ihm zu schaffen machte. Wahnsinn war das Gespenst der Familie. Es hatte, wie er mit zwanzig Jahren erfuhr, seine unsichtbaren Arme bereits nach dem Vater, einer Tante und einem Onkel ausgestreckt. »Die damals entstandenen Ängste«, bekannte er, »haben nie aufgehört mich im Unterbewusstsein zu behelligen. Seit damals [...] bin ich heftigen Alpträumen ausgesetzt, in denen ich meist von einem Wahnsinnigen ermordet werde. Dann schreie ich laut auf, und auf einmal war ich, bevor ich erwachte, drauf und dran meine Frau zu erwürgen, weil ich meinte, ich müsse mich gegen den Überfall eines Mörders zur Wehr setzen. Eine Angst dieser Art veranlasste mich jahrelang, jeder tieferen Gefühlsregung aus dem Wege zu gehen und ein reines Verstandesleben, gemildert durch Leichtigkeit, zu führen.«

Ihn quälte jedoch nicht nur die Angst vor Geistesgestörtheit, er litt auch unter dem Gefühl großer Einsamkeit. An vielen Stellen seiner Lebensrückschau ist von abgrundtiefer Niedergeschlagenheit, seelischer Bedrückung und existenzieller Verzweiflung die Rede: »Wir stehen am Ufer eines Ozeans und schreien in die leere Nacht hinaus; zuweilen antwortet eine Stimme aus dem Dunkel. Aber es ist die Stimme eines Ertrinkenden, und im nächsten Augenblick kehrt das Schweigen wieder.« Russell wusste, dass er von Jugend auf mit Schwermut geschlagen war. Es gibt einen Passus, der besonders eindrucksvoll von solchen Zuständen berichtet. Weihnachten 1931 befand er sich auf See, er kehrte von einer amerikanischen Vortragsreise per Schiff nach England zurück. In einem Artikel, den er damals für die Zeitungsgruppe Hearst Press schrieb, gestand er offen heraus:

> »Wie es natürlich ist, wenn man versucht, die tiefere Ursache für das eigene Unglück zu ignorieren, fand ich allgemeine Gründe für meine Schwermut. Ich war in den ersten Jahren des Jahrhunderts persönlich sehr unglücklich gewesen, aber zu jener Zeit vertrat ich eine mehr oder weniger platonische Philosophie, die es mir ermöglichte, Schönheit im außermenschlichen Universum zu sehen. Die Mathematik und die Sterne trösteten mich, wenn die menschliche Welt ohne Trost zu sein schien. Aber ein Wandel in meiner Philosophie brachte mich um diesen Trost. Solipsismus bedrückte mich, besonders nachdem ich Interpretationen der Physik wie von Eddington durchgearbeitet hatte. Es sah

so aus, als ob das, was wir als Naturgesetze angesehen hatten, nur sprachliche Konventionen seien und die Physik nicht wirklich mit der äußerlichen Welt in Beziehung stehe. Ich will nicht sagen, dass ich das wirklich glaubte, aber es wurde zu einem Alptraum, der immer mehr von meiner Vorstellung Besitz ergriff. In einer nebligen Nacht, als ich in meinem Turm in Telegraph House [seinem Landsitz in Cornwall – S. K.] saß, nachdem alle anderen schlafen gegangen waren, gab ich dieser Stimmung in einer pessimistischen Meditation Ausdruck:

Moderne Physik
Allein um Mitternacht in meinem Turm, erinnere ich mich an die Wälder und Hügel, an die See und den Himmel, die das Tageslicht gezeigt hat. Jetzt, wo ich durch jedes der vier Fenster blicke, nach Norden, Süden, Osten und Westen, sehe ich nur mein eigenes Bild, trübe widergespiegelt oder in schrecklicher Undurchsichtigkeit als Schatten auf dem Nebel. Was tut's? Wenn ich vom Schlaf erwache, wird der morgige Sonnenaufgang die Schönheit der äußeren Welt zurückbringen.
Aber die geistige Nacht, die sich auf mich gesenkt hat, ist weniger kurz und verspricht kein Erwachen nach dem Schlaf. Früher schienen mir Grausamkeit und Gemeinheit, die staubigen, verzehrenden Leidenschaften des menschlichen Lebens ein Geringes, wie ein aufgelöster Missklang in der Musik, zwischen dem Glanz der Sterne und der erhabenen Prozession der geologischen Zeitalter. Was,

wenn das Universum den allgemeinen Tod stürbe? Es war dennoch unerschütterlich und prächtig. Nun aber ist alles zusammengeschrumpft und nicht mehr als mein eigenes Abbild in den Fenstern der Seele, durch die ich hinaussehe in die Nacht des Nichts. Das Kreisen der Nebel, die Geburt und der Untergang der Sterne sind nichts mehr als bequeme Fiktionen bei dem trivialen Versuch, meine eigenen Wahrnehmungen und vielleicht die anderer, die nicht viel besser sind als die meinen, zu verknüpfen. Nie hat man einen dunkleren und engeren Kerker gebaut als den, in den die Schattenphysik unserer Zeit uns einschließt, denn jeder Gefangene glaubte einst, dass außerhalb seiner Mauern eine freie Welt existiere; nun aber ist das ganze Universum Gefängnis geworden. Es herrscht Dunkelheit draußen, und wenn ich sterbe, wird Dunkelheit drinnen herrschen. Nirgends ist Glanz oder Weite; nur Belanglosigkeit für einen Augenblick, und dann nichts.

Warum in einer solchen Welt leben? Warum gar sterben?«

Das düstere Bild ergibt zweifellos eine Landschaft des Trübsinns, eine Art ontologische Depression, aber das hat nicht nur eine seelische, sondern eben auch eine philosophische Seite. Unausgesprochen klingt hier das Dilemma der Moderne an: »Entweder Gott oder die Leere«. Da ist nicht nur Russells fundamentaler Skeptizismus, da ist auch die Nähe zum Neopositivismus, die eine solche Weltverarmung nach sich zieht. Ist das der Preis des

Atheismus? Und wenn nicht des Atheismus, so doch der Abstinenz gegenüber daseinsoffener Phänomenologie und Hermeneutik? Der Preis des Verzichts auf sachgerechte begriffliche Beschreibung und des Verzichts auf den guten Willen, die religiöse Welt von innen her zu verstehen – einer reich gegliederten Geisteswelt, die nicht der Logik der Vernunft, sondern der Logik des Herzens gehorcht und gerade dadurch den Haltlosen Halt, den Einsamen Bindung und den Ungetrösteten Trost gibt, wenn diese denn Halt, Bindung und Trost überhaupt wollen? Der eingefleischte Rationalist Russell hätte freilich bestritten, dass es eine Logik des Herzens gibt, er hatte nicht viel übrig für Pascal, von dem er meinte, er hätte seine genialen mathematischen Fähigkeiten der Frömmelei zum Opfer gebracht. Vielleicht hätte Russell zugegeben, dass eine gewisse Kategoriendürre die prosaische Folge jedweder metaphysischen Desillusionierung sei. Und es stimmt ja auch: Angelsächsische Nüchternheit, britischer Common Sense, verkörpert in der analytischen Philosophie, gründen nun einmal auf Entsagung in Sachen Transzendenz.

Bereits im Sommer 1931 hatte Russell eine erste Fassung seiner Autobiografie diktiert, sie reichte bis ins Jahr 1921. Er schloss sie ab mit einem Epilog, in dem er ein vorläufiges Fazit seines Denkens zog. Als er auf die Philosophie zu sprechen kam, gab er zu Protokoll:

> »Die besten Jahre meines Lebens habe ich den Prinzipien der Mathematik gewidmet, in der Hoffnung, irgendwo ein sicheres Wissen zu finden. Trotz dreier dicker Bände hat die ganze Anstrengung in

> mir mit Zweifel und Verwirrung geendet. Was die Metaphysik betrifft, so erlebte ich, als ich anfangs unter dem Einfluss Moores den Glauben an den deutschen Idealismus über Bord warf, die Freude des Glaubens, dass die erfassbare Welt wirklich sei. Nach und nach, vor allem unter dem Einfluss der Physik, ist diese Freude verblasst, und ich wurde auf einen Standpunkt gedrängt, der jenem Berkeleys nicht unähnlich ist, doch ohne seinen Gott und seine anglikanische Selbstzufriedenheit.«

Russell sagte einmal, er hätte zeit seines Lebens das Bedürfnis nach Gewissheit gehabt, und zwar auf die gleiche Weise wie ein religiöser Mensch, der sich in seinem Glauben gefestigt sehen möchte. So sei er auf der Suche nach einer objektiven, überpersönlichen Wahrheit erst zur Mathematik und dann zur Philosophie gekommen. Unumstößliche Gewissheit aber hätte er, wenn überhaupt, nur in der Naturwissenschaft und der ihr zugrunde liegenden Logik gefunden. Damit war klar: Religion war für ihn kein Ort des Halts, kein Ort der Wahrheit, er hat sie am Ende nicht sehr viel anders beurteilt, als es die französische Aufklärung getan hat, nämlich als Illusionismus und Priesterbetrug, als Begriffsversagen, als eine Art Schnitzer des Verstandes. Insofern war Russell gewiss Atheist, obwohl er selbst gelegentlich von sich sagte, er sei Agnostiker. Der Atheist, so argumentierte er, glaube zu wissen, dass es keinen Gott gibt, obgleich die absolut sicheren Beweise für dieses Wissen fehlen; der Agnostiker hingegen halte, solange sie fehlen, sein Urteil zurück.

Russells Religionskritik teilt die reduktionistische

Sichtweise der traditionellen Aufklärung. Das meint nicht nur, dass er dort, wo er über Religion spricht, stets auch ihre alten und neuen Repräsentanten, die Kirchen und Priester, die Frommen, die Frömmler und die Heuchler im Sinn hat. Er geht nicht ganz fehl, wenn er, nicht viel anders als sein Landsmann John Locke, feststellt, dass die Kleriker immer gegen den Fortschritt von Wissenschaft, Moral und Humanität gewesen seien, dass sie immer Helfershelfer der Mächtigen wären. Über all das schreibt er, wie Golo Mann in seinem einprägsamen Portrait hervorhebt, ähnlich wie Voltaire; mit demselben Zorn, demselben Witz, mit derselben Treffsicherheit das Obskurantistische und Groteske in den Mittelpunkt rückend. »Und da fand er nur allzu viel«, so Golo Mann, »da wurde das Spiel ihm leicht gemacht. Wahr ist, dass er auch ganz anderes hätte finden können, zum Beispiel die aufbauenden, die zivilisatorischen, die humanisierenden Leistungen des Christentums. Aber Einseitigkeit war immer das Recht der Polemik, zumal der witzigen.«

Mein Einwand gegen Russells Art von Religionskritik richtet sich weniger gegen die Einseitigkeit als vielmehr gegen den Maßstab, den er anlegt. Indem er Glaubensvorstellungen wie Wirklichkeitsbehauptungen behandelt, und ihren Wahrheitsgehalt gleichsam wie ein Experimentalphysiker prüft, mit Mikroskop, Teleskop und Stethoskop, zeigt sich ihm nirgendwo etwas Fassbares. Und indem er versucht, im sakralen Vokabular einen profanen Sinn zu entdecken, den man rein logisch erörtern kann, oder indem er versucht, Heilsbotschaften dadurch zu retten, dass er sie auf Moralvorschriften reduziert, gerät ihm das spezifisch Religiöse von vornherein aus dem Blick. So wird man den Verdacht nicht los, dass er zum Kern der Dinge gar nicht vordringt.

Doch was ist dieser Kern, was könnte er sein? Rudolf Otto spricht von der »Erfahrung des Heiligen«. Es begegne in zweierlei Gestalt, als »Mysterium fascinosum« und als »Mysterium tremendum«, als Geheimnis, das die menschliche Seele in Begeisterung und Entzückung, und als Geheimnis, das sie in Erschrecken und Erschauern versetzt. In beiden wurzelt das Bedürfnis nach Anbetung, und aus ihnen erwächst es auch. Es führt hin zum gemeinschaftlichen Ritus, in dem das Numinose in Ehrfurcht zelebriert wird. Leszek Kołakowski nennt Religion den »gesellschaftlich verankerten Kultus der ewigen Realität«. Nicht nur das Christentum, jede Religion transzendiert die Grenzen der Sichtbarkeit des Gegebenen. Sie imaginiert die Welt als einen göttlich geordneten Kosmos, als ein Universum, in dem alles einen Sinn hat. Die mit Sinn ausgestattete Welt, so Kołakowski, sei »das Geschenk schlechthin der Religion«. Aussagen über eine solche Welt sind nicht falsifizierbar. Aber auch nicht verifizierbar, jedenfalls nicht für Außenstehende. Mit wissenschaftlichen Begriffen von Erkenntnis ist ihnen nicht beizukommen. Zum Aufweisen und Verstehen braucht es das theologische Denken.

Das aber gibt es in vielerlei Form. Diejenige, der ich zuneige, ist eine Art Kunst der Mutmaßungen, eine *Ars coniecturalis,* welche die religiöse Welt betrachtet wie eine Welt des Als-ob. Als ob es Gott gäbe, als ob es Engel, Teufel und Dämonen gäbe, die Unsterblichkeit, die Auferstehung der Toten, die Vorsehung, den Fluch und den

Segen, das Gericht, die Gnade, die Erlösung und die Vergebung – als ob es das alles gäbe. Das Motto lautet: Ein fruchtbarer Konjunktiv ist besser als ein unfruchtbarer Indikativ.

Das gilt auch für den Gedanken der Geschöpflichkeit aller irdischen Wesen. Es mag ja sein, dass Gott eine Idee des Menschen ist. Aber zu dieser Idee gehört es nun mal, dass nicht Gott eine Idee des Menschen, sondern der Mensch eine Idee Gottes ist. Nicht wir sind seine Gestaltgeber, sondern er hat uns Gestalt gegeben.

Könnten nicht auch wir, die zweiflerischen, transzendenzentwöhnten Zeitgenossen der modernen Welt, einen solchen Gesichtspunkt gelten lassen? Nämlich die religiöse Welt anzunehmen als eine vorgestellte Welt, einen Metaphernsturm, ein großes metaphysisches Imaginarium, das unser Bewusstsein bereichert? Als ein Als-ob, das uns ermöglicht, wenigstens in ein gleichnishaftes Verhältnis zur Gottesrede zu gelangen? Das wäre nicht wenig. Nicht nur, dass so der Horizont für Heilswissen und religiöse Erfahrung offen gehalten würde. Sinnbilder und Metaphern sind mehr als nur rhetorischer Schmuck. Sie sind ein eigener, echtgeborener Zweig der Wahrheit und des assoziativen Erkennens. Sie erlauben uns außerhalb der Wissenschaft Fragen an den Menschen, seine Existenz und Geschichte, sein Sein und Sollen zu stellen, die zu einer höheren Stufe von Wahrnehmung und Empfindung führen. Es ist wie im Reich der Kunst. Die Figuren sind lebensvoll, die Fiktionen sind welthaltig. Die vorgestellte Welt hat orientierende Kraft für die wirkliche Welt. Und Orientierung braucht der Mensch, auch wenn er Agnostiker oder Atheist ist. Er ist das einzige Geschöpf auf Erden, das sie braucht. Die Tiere haben den Instinkt. Sie wissen *nicht,* dass sie nichts wissen. Der Mensch, das sokratische Tier, weiß, dass er nichts weiß. Und über allem – so glauben die einen und bestreiten die andern – thront einer, der weiß, dass er weiß.

Bertrand Russell, 1872 im Süden Wales geboren, gilt als einer der letzten europäischen Universalgelehrten. Er hatte Lehrstühle für Mathematik und Philosophie an einigen der wichtigsten Universitäten der Welt inne und zählt zu den Begründern der Analytischen Philosophie. 1950 erhielt er den Nobelpreis für Literatur – ohne je ein belletristisches Werk verfasst zu haben. In seinen letzten Lebensjahren widmete er sich vermehrt der Politik. 1970 starb Russell in Wales.

Grete Osterwald, 1947 in Bielefeld geboren, ist seit 1978 als Übersetzerin aus dem Französischen und Englischen tätig. Sie übertrug u. a. Werke von James G. Farrell, Jean Baudrillard und Hédi Kaddour ins Deutsche.

Martin Walser, 1927 in Wasserburg geboren, lebt in Überlingen am Bodensee. Er verfasste zahlreiche Romane, Theaterstücke und Essays, für die er unzählige Preise erhielt, darunter 1981 den Georg-Büchner-Preis, 1998 den Friedenspreis des deutschen Buchhandels.

Sebastian Kleinschmidt, 1948 in Schwerin geboren, war von 1991 bis 2013 Chefredakteur von *Sinn und Form*. Er lebt in Berlin. Bei Matthes & Seitz Berlin erschienen von ihm *Gegenüberglück*, *Requiem für einen Hund* (zusammen mit Daniel Kehlmann) und *Nebensachen. Ansichten eines Arztes* (als Mitherausgeber).

Matthes & Seitz Berlin · Paperback · 049

Erste Auflage dieser Ausgabe 2023
Copyright der deutschen Ausgabe © 2017
MSB Matthes & Seitz Berlin Verlagsgesellschaft mbH
Großbeerenstr. 57A, 10965 Berlin
info@matthes-seitz-berlin.de
Copyright der englischen Originalausgabe
Why I Am Not a Christian
© 1996 The Bertrand Russell Peace Foundation
Copyright © der deutschen Originalbeiträge
von Martin Walser und Sebastian Kleinschmidt
bei MSB Matthes & Seitz Berlin Verlagsgesellschaft mbH
Alle Rechte vorbehalten.
Umschlaggestaltung: Pauline Altmann, Palingen
Satz und Gestaltung: psb, Berlin
Druck und Bindung: GGP Media GmbH, Pößneck
ISBN 978-3-7518-4501-4
www.matthes-seitz-berlin.de